법륜·열

보시

비구 보디 엮음 | 혜인 스님 옮김

고요한소리

일러두기

* 이 책에 나오는 경經의 출전은 영국 빠알리성전협회PTS에서 간행한
  로마자 본 빠알리 경임.
* 로마자 빠알리어와 영문 책 제목은 이탤릭체로 표기함.
* 각주는 원주原註이며, 역자주는 [역주]로 표기함.

DĀNA

The Practice of Giving

Selected Essays
Edited by Bhikkhu Bodhi

The Wheel Publication No. 367/369, 1990
Second edition (revised) 1994
Buddhist Publication Society
Kandy, Sri Lanka

차 례

들어가는 말

비구 보디*

　무엇인가를 베푸는 행위는 언제 어디서나 가장 기본이 되는 인덕人德의 바탕으로 알려져 있다. 베푸는 것을 보면 그 사람의 인간 됨됨이가 얼마나 속 깊은지 또는 자기의 한계를 얼마나 뛰어넘을 수 있는 사람인지 알아볼 수 있다. 부처님 가르침 가운데서도 역시 베풂의 덕을 펴는 것은 정신적 발전의 기반이자 씨앗이라고 하여 특별한 자리를 차지한다.

　빠알리 경전을 보면 근기에 따라 베푸셨던 부처님의 대

---

* 비구 보디Bhikkhu Bodhi: 1944~ . 뉴욕 출생의 스님. 1972년에 스리랑카에서 비구계를 받았으며, 1984년부터 2002년까지 불자출판협회BPS에서 편집을 책임졌고, 1988년부터는 회장직을 맡았으며 지금은 명예회장으로 있다.
[역주] 〈고요한소리〉에서 번역, 출간된 저작으로는 보리수잎·열아홉 《자유의 맛》, 법륜·열여덟 《팔정도》, 법륜·스물하나 《미래를 직시하며》 등이 있다.

기 설법들 가운데 '베풂에 관한 말씀'이 늘 가장 먼저 다루어지고 있음을 자주 접하게 된다. 부처님께서는 아직 귀의하지 않은 대중들에게 설법하실 때마다 으레 '베풂'의 덕이 얼마나 유익한가를 먼저 가르치셨다. 대중들이 보시의 진가를 이해하게 된 다음에 부처님께서는 계행, 인과법, 출가의 공덕과 같은 불법의 다른 면들을 말씀하셨고, 대중의 마음에 이런 원리들이 깊이 새겨진 다음에 비로소 부처님께서 독특하게 발견해 내신 사성제四聖諦를 자세히 말씀해 주셨다.

엄밀히 말하자면 보시는 팔정도 가운데 하나도 아니요, 깨달음의 필수요건[菩提品·三十七助道品]에 드는 것도 아니다. 보시를 행한다고 해서 곧바로 지혜가 나타나거나 사성제를 깨달을 수 있는 것은 아닐 테니 거기에서 제외되었을 것이다. 그러나 수행을 하는 데 있어서 보시는 나름대로 잠재적 작용을 한다. 수행의 궁극적 단계인 깨달음의 과정을 구성하는 요소는 아니지만, 번뇌로 얼룩진 마음에서 벗어나기 위해 기울이는 온갖 노력을 조용히 뒷받침 해주는 밑바탕이자 준비 역할을 한다.

따라서 비록 보시행이 팔정도의 여덟 항목 가운데 하나는 아니지만 해탈의 노정에 기여하는 보시의 공덕을 간과하거나 과소평가해서는 안 된다. 부처님께서 제자들을 위해 정해 주신 여러 가지 수행 체계들 가운데서 보시가 차지하는 위치를 보면 그 공덕이 얼마나 중요한가를 충분히 알 수 있다. 보시는 대기 설법의 첫 번째 주제로 등장할 뿐만 아니라, 세 가지 복 짓는 일[三福業事][1]이나 네 가지 남들을 이롭게 하는 일[四攝法][2] 그리고 십바라밀[3]에서도 항상 첫 번째 덕목으로 꼽힌다. 특히 십바라밀은 깨달음을 성취하고자 발원한 사람이면 누구나 닦아야 하며, 완전한 부처의 경지인 최상의 깨달음을 향해 보살[4]의 길을 걷는 이들이라면 더할 나위 없이 용맹 정진하여 닦아야 할 거룩한 덕목들이다.

---

1 [역주] 세 가지 복 짓는 일[三福業事 puññakiriyavatthu]: 시施 dāna, 계戒 sīla, 수修 bhāvanā《증지부》Ⅳ권 241쪽.

2 [역주] 네 가지 남들을 이롭게 하는 일[四攝法 saṅgahavatthu]: 보시布施 dāna, 애어愛語 peyyavajja, 이행利行 atthacariyā, 동사同事 samānattatā. (이 책의 주 73 참조)

3 [역주] 십바라밀: 상좌부전통의 열 가지 바라밀 (1) 보시 (2) 지계 (3) 이욕離慾 (4) 반야 (5) 정진 (6) 인욕 (7) 진실 (8) 결의 (9) 자애 (10) 평온. 보리수잎·서른여덟《참된 길동무》,〈고요한소리〉(2001) 41쪽 참조.

베풂은 달리 말하면 관대함이라고도 볼 수 있다. 이렇게 볼 때 보시행에서는 보시물이 한 사람에게서 다른 사람으로 전달되는, 겉에서 보이는 행위보다 베풀고자 하는 마음가짐이 더 중요하다. 그러한 마음가짐은 베푸는 행위에 의해 강력해지고, 마침내 자기희생적인 보시행까지 가능하게 한다. 관대함은 소위 선지식이 반드시 갖추어야 할 중요한 자질이다. 선지식은 물론 그 밖에도 신심이나 계행, 교법의 이해나 지혜 면에서 탁월한 능력을 갖춘 인격자들이다. 보시를 이처럼 관대함이라는 관점에서 볼 때 보시행은 부처님의 가르침을 따르기 위해 기울이는 모든 노력과 밀접한 관계를 맺고 있음을 알 수 있다. 왜냐하면 불교 수행의 목표는 결국 탐욕, 성냄, 어리석음을 없애는 것인데, 관대한 마음을 키우면 곧 탐욕과 성냄이 수그러드는 한편 마음이 유연하게 되어 어리석음을 뽑아 버릴

---

4 [역주] 보살菩薩 *Bodhisatta*, (산스크리트어로는 *Bodhisattva*): 빠알리 경전에서 보살이라는 말은 깨달음을 얻기 전까지의 부처님을 이른다. 여기서 말하는 보살은 대승경전에서 말하는 보살이 아니고, 깨달음이라는 이상 또는 사성제에 관한 지혜(보리*Bodhi*)를 추구하는 데 열중하고 있는 사람이란 뜻이다. 이런 의미에서 이 말은 깨달음을 추구하는 모든 사람에게 적용될 수 있다.

수 있게 하기 때문이다.

이번 법륜 문고는 이처럼 중요한 불교의 덕목인 '보시'를 더 깊이 있게 탐구해 보고자 편집되었다. 사실상 지금까지 생활 속의 실천불교를 다루는 책에서마저도 보시행은 누구나 다 아는 것으로 여겨 적절한 설명 없이 넘겨버리기 일쑤였다. 이 책자에서는 불교 경전에 대한 깊은 학식을 갖추었을 뿐 아니라 스스로도 수행하고 있는, 네 사람의 이 시대 불교인들이 보시의 다양한 측면들을 음미하는 동시에 불법 수행과의 관계 속에서 그 의미를 검토해 보고 있다.

이 선집 끝에는 중세의 주석가 담마빠알라*Dhammapāla*[5]스님의 《소행장》[6] 주석서 가운데 바라밀을 설명하고 있는 부분에서 발췌한 〈보살의 보시행〉을 번역하여 실었다.

─────────

5　[역주] 담마빠알라*Dhammapāla* 스님: 붓다고사 스님 이후의 주석가라는 것 외에 생존 연대는 분명하지 않음.

6　[역주] 《소행장所行藏 *Cariyāpiṭaka*》: 《소부小部》의 마지막 경으로 부처님의 전생 가운데 특히 십바라밀을 닦는 보살의 수행을 운문체로 엮은 경전이다.

보시의 실천[7]

수잔 엘바움 주틀라*

　보시는 수행의 길로 들어선 불자가 반드시 먼저 닦아야 할 덕목들 가운데 하나다. 보시를 실천하면 그 자체로서 바로 공덕이나 선업의 바탕이 된다. 또 계율·선정·지혜와 짝지을 때에는 기나긴 윤회에 종지부를 찍는 큰 일을 해내게 된다. 이미 해탈로 향하는 길에 굳건히 들어선 사람들조차도 보시행을 계속한다. 보시는 그들이 해탈을 이루기까지 남아 있는 삶의 기간 동안 경제적 안정과 아름다움과 기쁨을 가져다주기 때문이다. 보살들은 중생을 위

---

* 수잔 엘바움 주틀라*Susan Elbaum Jootla*: 북인도에 사는 미국 불자이며 우바 킨 전통의 위빳사나 수행을 오랫동안 해왔다. BPS에서 출간된 저서로는 《통찰과 택법*Investigation for Insight*》(Wheel 301/302)과 《깨달은 비구니들이 준 감화*Inspiration from Enlightened Nuns*》(Wheel 349/350) 등이 있다.

7 이 글은 우 칫 틴U Chit Tin 거사의 저서 《보시 바라밀*The Perfection of Generosity*》에서 영감을 얻어 이를 바탕으로 썼으며 그분께 감사를 드린다.

해서 자신의 팔다리나 목숨까지도 기꺼이 내놓음으로써 보시 바라밀을 최고도로 완성시킨다.

모든 선행이 다 그러하듯이 보시의 행위는 부처님께서 가르치신 인과법에 따라 장차 우리에게 행복을 가져다준다. 우리가 그 같은 사실을 알든 모르든 상관없이 보시는 금생에나 다음 생에 이로움을 가져다주겠지만 베풀고자 하는 마음과 함께 바른 견해[正見]가 이루어질 때 보시로 얻는 공덕은 훨씬 커진다.

보시로 얻는 공덕의 양은 베푸는 사람이 어떤 마음으로 보시했는가, 받는 사람이 정신적으로 얼마나 순수한가 그리고 어떤 물건을 얼마나 보시했느냐에 따라 달라진다. 우리는 항상 자기가 한 행동의 결과와 마주해야 하며, 바른 행위는 좋은 결과를, 바르지 못한 행위는 나쁜 결과를 낳는다. 그러므로 할 수 있는 한 선업을 많이 쌓는 것이 현명한 일이다. 보시행에서 본다면 이것은 곧 베풀 때 청정한 마음을 지닐 것, 될 수 있는 한 훌륭한 수혜자受惠者를 선별할 것 그리고 자신이 베풀 수 있는 가장 적절하고 후한 시물施物을 선택할 것을 의미한다.

보시의 동기

보시행에 있어 가장 중요한 점은 베풀기 전과 베푸는 동안 그리고 베풀고 난 뒤 보시하는 사람이 품고 있는 마음이다.

"만약 우리가 마음을 제대로 다스리지 못한다면 알맞은 시물施物이나 최상의 수혜자를 고를 수가 없고 시물과 수혜자를 제대로 찾지 못할 것이다. 그리고 어리석게도 보시를 하고 난 다음 그것을 후회하게 될지도 모른다."[8]

불교에서는 베푸는 이의 마음 바탕을 유심히 살피어 어떠한 마음으로 베푸는지, 그 마음 상태를 여러 가지로 구별 짓는다. 우선 분별없이 되는 대로 주는 것과 지혜롭게 베푸는 것은 근본적으로 다른데, 후자가 전자보다 수

---

[8]   우 칫 틴《보시 바라밀*The Perfection of Generosity*》서문 참조.

승한 것임은 두말 할 나위도 없다. 이를테면 나이 어린 소녀가 자신의 행위가 어떤 뜻을 갖는지를 알지 못하고 다만 어머니가 그리 하라고 일렀기 때문에 집에 모신 불단에 꽃을 올리는 경우, 이는 가장 초보적인 보시로 볼 수 있다.

그러나 보시행의 모든 과정이 지혜에 입각하여 이루어진다면 그것이야말로 가장 수승한 보시가 된다. 지혜롭게 베푸는 데는 세 가지 경우가 있으니, 첫째, 원인이 있으면 결과가 있다는 업의 법칙에 따라 보시 행위는 미래에 반드시 유익한 결과를 가져올 것이라고 분명히 이해하면서 베푸는 것, 둘째, 베풀어지는 물건이나 주는 이, 받는 이 모두가 무상無常하다는 것을 알고 베푸는 것, 셋째, 깨달음을 향한 노력을 더욱 강화하기 위해 베푸는 것이다. 시물을 베푸는 데는 다소간의 시간이 걸리게 마련이므로 한 번의 보시행을 하면서도 베푸는 과정의 여러 단계에서 이 같은 세 가지 마음을 다 경험하며 베풀 수 있다.

보시의 동기 가운데 가장 훌륭한 것은 열반을 성취하고자 쏟는 노력들을 북돋우기 위해 베풀겠다고 마음먹는 것이다. 해탈은 모든 마음의 번뇌를 없앰으로써 성취되는데, 이러한 번뇌는 모든 행위 뒤에는 그것들을 주관하며 계속 존속하는 '나'가 있다는 미혹에 깊이 뿌리를 박고 있다. 일단 이러한 미망이 소멸되면 이기적인 생각들은 더 이상 생겨날 수가 없다. 만일 우리가 보시를 통해 참다운 평화와 청정함을 얻고자 한다면, 완전한 베풂인 보시 바라밀을 실천해서 깨달음의 성취를 열매 맺을 공덕의 창고를 지어야만 한다.

우리가 그와 같은 목표를 향해 나아갈 때 보시를 베푸는 의도는 우리의 마음을 유순하게 만들어 해탈을 이루는 데 가장 근본 요소인 선정과 지혜 계발에 꼭 필요한 자질로 발전하게 한다.

성자들, 이미 성스러운 사과四果의 어느 단계엔가 들어선 거룩한 이들은 그 마음이 지혜라는 바탕 위에서 작용하기에 늘 청정한 의도를 가지고 베푼다. 이러한 수준에 아직 이르지 못한 사람들은 가끔 건전하지 못한 마음으로 경솔하게 혹은 공경심 없이 베풀 수도 있다. 부처님께서는 몸과 입으로 짓는 모든 행위가 다 그러하듯이 보시행도 거기에 수반되는 의도가 보시의 덕스러움을 재는 잣대임을 가르치신다. 가령 어떤 사람이 스님께 무엇인가를 드릴 때 공경하는 자세를 갖추지 않는다면 그것은 바르지 못한 행동이다. 구걸하는 사람을 떼어버리기 위해 동전을 던져주는 행위도 보시행을 욕되게 하는 것으로 봐야 한다. 베풂이 최상의 결과를 낳으려면 베푸는 사람은 적절한 시물을 때 맞춰 베풀도록 신중을 기해야 한다. 다른 사람을 통해 베푸는 것, 예를 들면 본인의 손으로 직접 스님들께 음식을 공양하지 않고 하인을 시켜 전달하는 것 등은 보시의 가치를 떨어뜨리는 짓이다. 자기가 한 행위의 결과를 자기가 받는다는 것을 모르는 채 베풀 때, 그 보시 또한 공덕의 힘을 줄이게 된다.

만일 어떤 사람이 보시할 마음은 먹었으나 자신의 계획을 실행에 옮기지 않는다면 그 공덕의 성취는 아주 미미할 것이다. 따라서 특별한 일이 가로막지 않는 한 베풀려는 마음은 항상 재빨리 실천에 옮겨야 한다. 보시행을 한 다음 혹시라도 괜히 했다는 생각이 든다면 그 보시의 공덕 대부분을 잃게 될 것이다.

덕이 있는 사람은 공손하고 정중하게 베푼다. 그 베푸는 시물이 즉흥적인 것이든 미리 계획된 것이든, 시물의 내용이나 베푸는 때가 받는 이에게 적합한 것인지를 확인해야 한다. 남방 불교 국가에서는 가정주부들이 매일 이른 아침에 스님들 몇 분을 공양에 초대하여 음식을 올리는 일이 많다. 이 주부들은 가족들의 아침식사를 차리기 전에 스님들에게 손수 공양을 올린다.

만일 보시를 하지 않으면 주변 사람들이 자기를 좋지 않게 여길까봐 불안해서 자선을 베푸는 사람이 있을지도 모른다. 이처럼 사회적 압력에 못 이겨 베풀면 그 공덕이 전혀 없지는 않겠지만 역시 미미한 결과밖에 얻지 못할 것이다. 좋은 평판을 얻기 위한 자선 행위 역시 이기적인 것이어서 값진 보시라고 할 수 없다. 또한 상대의 호의에 대한 응답으로 베풀거나 보답을 바라고 주는 것 역시 칭찬받을 만한 일이 아니다. 전자의 경우는 빚을 갚는 것과 같고, 후자는 뇌물을 건네주는 것과 비슷하다.

보시를 받는 사람

받는 사람이 얼마나 청정한 마음을 가진 사람인가는 보시의 공덕을 결정짓는 또 하나의 요인이 된다. 받는 사람이 훌륭할수록 보시자에게 돌아올 공덕이 크다. 따라서 가능한 한 가장 훌륭한 사람에게 베푸는 것이 좋다. 부처님께서는 최상의 수혜자로 위없는 깨달음을 성취한 부처님과 출세간의 도道를 닦아 과果를 이룬 당신의 제자들 같은 거룩한 성자들을 꼽으셨다. 왜냐하면 그분들이 지혜를 통해 성취한 청정한 마음이야말로 보시행으로 많은 공덕을 얻게 할 수 있기 때문이다. 따라서 최상의 공덕을 쌓기 위해서는 그런 분들께 할 수 있는 한 많이 그리고 가능한 한 자주 보시를 베풀어야 한다. 성스러운 경지에 들려는 목표를 세우고 수행하는 스님들께, 혹은 오계를 수지하고 불법에 따라 정진하는 수행자에게 베푸는 보시 또한 훌륭한 결과를 가져올 것이다.

성과聖果를 증득한 거룩한 이들이 공양물을 받아들이는 것은 베푸는 이에게 공덕을 지을 기회를 마련해 주는 것이기도 하다. 특히 가장 높은 두 가지 성스러운 경지에 올라선 아라한[應供]과 아나함[不還]은 이미 감각 대상이 되는 물질에 대한 욕망을 버린 이들이다. 따라서 보시를 받을 때, 그분들의 마음에는 보시물에 대한 집착이 없으며, 보시하는 사람에 대한 자비심이 가득 차 있을 뿐이다.

《법구경》 주석서[9]에 있는 시이왈리Sīvali 스님 이야기는 비록 사소한 물건이라도 부처님이 이끄는 승가에 베풀어질 때 큰 공덕을 이룬다는 사실의 좋은 예이다. 옛날 위빳시Vipassī 부처님 당시 어느 도시에 사는 시민들은 부처님과 승가에 누가 가장 큰 보시를 할 수 있는지 왕과 경쟁을 벌인 적이 있었다. 시민들은 공양 올릴 물건들을 빠짐없이 갖추었지만 거기에 싱싱한 꿀이 빠진 것을 알고 그것을 구하기 위해 여러 심부름꾼들에게 각기 충분한 돈을 주어 보냈다.

때 마침 심부름꾼 가운데 한 사람이 방금 딴 벌집을 팔려고 시내로 들어오는 농부를 만나게 되었다. 심부름꾼이

---

9 E. W. 벌링게임 영역英譯, 《불자들의 생애 이야기Buddhist Legends》 (London, PTS. 1969) 2:212~216쪽.

자기가 받아온 돈 모두를 주고 벌집을 사겠다고 농부에게 말했다. 벌집 한 개 값보다 훨씬 많은 액수였다. 농부는 의아해 하면서 물었다. "당신 제 정신이요? 한 냥 값도 안 될 것을 천 냥을 주겠다니 그 까닭이 뭡니까?" 심부름꾼은 시민들이 부처님께 올리는 공양물의 마지막 품목이 꿀이기 때문에 그만한 가치가 있다고 설명했다. 그러자 농부가 그 자리에서 대답했다. "그렇다면 돈을 받고 팔지는 않겠소. 그 보시의 공덕을 내가 얻을 수 있다면 거저 드리리다." 시민들은 그만한 횡재를 쉽게 마다하는 농부의 신심에 감동되어 보시의 공덕을 그에게 돌리기로 기꺼이 동의했다.

위빳시 부처님 때 올린 이 작은 공양 덕분에 농부는 그 후 거듭거듭 천상에 태어났고 바아라아나시국의 왕자로 태어나 왕위를 물려받기도 했다. 그는 마지막 생에 시이왈리 존자가 되어 부처님 제자로서 아라한과를 증득하게 되었다. 그 후에도 벌집 보시는 계속해서 결실을 맺었다. 이미 여러 겁劫 전에 맛있는 것을 보시한 그분에 대한 예우로 하늘 신들은 부처님과 시이왈리 존자를 포함한 오백 명의 스님들이 여러 날 인적 없는 지역을 지나는 동안 쉴 곳과 음식을 마련해 주었다.

　정신적으로 높은 곳에 이르지 못한 사람에게 베풀어질 때에도 역시 보시는 유익하다. 베푸는 이의 뜻이 좋으면 비록 받는 사람에게 도덕적인 결함이 있다 하더라도 보시하는 사람은 공덕을 쌓게 되며, 나아가 이런 보시행으로 인해 보시하는 사람의 마음속에는 탐욕에서 벗어나려는 성향이 굳건히 자리 잡는다. 마음속으로는 거룩한 승가에 올리고자 했던 공양물이 실제로 덕스럽지 못한 스님들에게 베풀어진다 하더라도 그 보시 또한 큰 결실을 맺는다. 물론 나쁜 사람을 억지로 좋은 사람이라 여기면서 베풀 필요는 없다. 하지만 무언가를 베푸는 동안에는 스스로의 태도에 세심한 주의를 기울여야 한다. 우리가 가장 잘 통제할 수 있는 것은 자기 자신의 태도이기 때문이다.

베풀어지는 것[施物]

보시행의 세 번째 요소는 무엇을 베푸는가인데, 그것은 물질적인 것일 수도 있고 물질이 아닐 수도 있다. 부처님께서는 성스러운 가르침을 전해 주는 법보시야말로 어떤 선물보다도 좋은 것이라고 하셨다(《법구경》 354게). 부처님의 가르침을 설해 주는 분들, 이를테면 불법을 알려 주거나 설명해 주거나 경전을 암송하는 스님, 참선을 지도하는 스님들은 대중들과 불법을 함께 나누는 것으로 최상의 보시를 실천하고 있다. 법을 가르쳐 줄 만한 자격을 갖추지 못한 사람들도 다른 방법으로 법을 베풀 수 있다. 부처님의 가르침이 담긴 책을 누구에게 주거나 부처님의 말씀을 널리 펴게 될 진귀하고 새로운 사본을 번역, 출판하는 데 비용을 부담하는 일이다. 또한 자주 불교에 관한 토론의 기회를 만들거나 주위 사람들에게 계를 지키게 하거나 참선을 하도록 권장하는 것도 모두 훌륭한 보시행이다. 그리고 남들을 위하여 불법에 관해 해설을 쓸 수도 있다. 선원禪院이나 그곳에서 참선을 지도하는 분은 결국 부처님의 가르침을 전달하는 매개체이므로 이런 수련원을 위해 물질적인 보시를 하거나 몸으로 일을 거들거나 지도 하는 분을 돕는 일들은 모두 법보시가 된다.

베풂의 가장 일반적인 형태는 물질적인 보시이다. 시이 왈리 스님의 벌집 이야기에서 보듯이 큰 공덕을 얻기 위해 시물이 꼭 값비싸야 할 필요는 없다. 하루에 밥 한 그릇 밖에 먹지 못하는 가난한 사람이 한 그릇의 밥을 보시할 때 그는 매우 큰 보시를 한 셈이고 공덕 또한 지대할 것이다. 그러나 어느 부자가 스님이 탁발하러 올 것을 미리 알면서도 앞의 가난한 사람이 한 것과 같은 분량의 밥만을 준비했다면 그 공덕은 지극히 빈약할 것이다. 미얀마 사람들은 스님들께 공양할 과일은 보통 때 자기네들로서는 값이 비싸 사먹기 힘든, 시장에서 제일 좋은 과일을 산다고 한다. 우리도 최소한 자신이 쓰기에 손색이 없는 정도의 물건을 베푸는 자세를 갖춰야 마땅하다.

승가에 대한 보시물로는 음식, 의복, 약 또는 스님들이 기거할 사원 등이 있으며 이들은 저마다 질적인 면이나 양적인 면에서 여러 가지 차이가 있을 수 있다. 승가에 바치는 보시의 한계는 부처님께서 비구 승단이 청정하고 튼튼하게 유지되게끔 필요에 맞게 제정해 놓으신 계율로 규정되어 있다. 따라서 승단이 지켜야 할 계율을 미리 재가불자들이 잘 알아 비구, 비구니 승가에 적당한 물건을 적당한 시기에 보시할 수 있다면 무량한 공덕을 지을 수 있다.

부처님 당시 으뜸가는 재가불자 여인인 위사아카 이야기[10]는 큰 보시가 가져온 공덕을 말해 주는 재미있는 일화이다. 위사아카의 아버지는 딸이 시집을 가게 되자 오백 수레씩의 돈과 금, 은, 구리그릇, 비단, 버터와 쌀, 농사에 쓸 연장 등 엄청난 분량의 혼수감을 공들여 마련했다. 그리고 딸에게 가축도 함께 주어 보내야겠다고 생각한 위사아카 아버지는 일꾼들을 시켜 한 골목을 채울 만큼의 소들을 우리에서 내몰게 했다. 그 골목에 소들이 꽉 들어차자 부친은 '이만 하면 충분 하겠지' 하고 우리 문을 닫아걸었다. 그러나 웬일인지 문빗장이 걸렸는데도 여러 마리의 황소와 암소들이 위사아카 몫으로 나간 소들을 따

---

10 주9와 같은 책, 2:67~68쪽.

라 울타리를 뛰어넘는 것이었다. 일꾼들이 갖은 애를 다 썼는데도 그 소들을 다시 잡아 가둘 수는 없었다.

이 가축들이 위사아카를 따라간 데는 그럴 만한 연유가 있었다. 오랜 옛날 깟사빠*kassapa* 부처님 당시 위사아카는 이만 명의 비구와 사미들에게 다섯 가지 우유 제품을 푸짐하게 베푼 일이 있었다. 그 당시 바아라아나시를 다스리던 끼끼*Kiki* 왕의 일곱 딸 가운데 막내였던 그녀는 스님들이 이제 충분하다고 하는데도 계속 우유, 응유, 정제버터 등을 더 드시도록 권했다. 그때의 보시 공덕으로 많은 가축들이 금생에 위사아카로 태어난 그녀를 따라갔고 누구도 그 공덕의 결실을 막을 수 없었던 것이다.

새 법당이나 탑을 세우는 데 시주하는 일, 탑모塔帽의 도금을 위해 금박을 시주하는 일 또는 절에 불상을 모시는 데 시주하는 일 등은 종교적 성격을 띤 물질적 보시가 된다. 그러한 보시의 수혜자는 일반 대중이 되며 그 절을 찾거나 불상 앞에 예배하는 사람들 모두가 보시를 받는 사람이 된다.

보시 가운데는 자신이 살고 있는 도시의 이웃들을 위해 베푸는 사회적인 보시도 있는데 여러 가지 복지 기관에 기부하는 일, 병원이나 공공 도서관에 헌금하는 일, 주변 공원을 깨끗하게 가꾸는 일 등이 여기에 속한다. 또 누구든 그러한 사업을 위해 돈만 내놓는 데 그치지 않고 몸으로 하는 노력 봉사로까지 참여한다면 그 과보는 더 커질 것이다. 그리고 이와 같은 보시가 처음부터 끝까지 청정한 마음으로 행해진다면 그 공덕은 엄청날 수 있다.

보시 바라밀

보시행 가운데는 받는 사람이 어떤 사람들인지, 베푼 결과가 어떤 세속적 이득을 가져올 것인지를 전혀 마음에 두지 않은 채 베푸는 방식이 있다. 그러한 보시는 자기 소유물에 대한 집착을 없애겠다는 생각, 즉 탐욕에서 벗어나겠다는 깊은 뜻에서 나오며, 따라서 가장 소중한 것이나 가장 주기 어려운 것을 베풀고자 한다. 보살들은 언제라도 기회만 오면 오로지 최상의 완전한 보시인 보시 바라밀을 실현하기 위해 이런 방식으로 베푼다. 보시 바라밀은 깨달음을 이루기 위해 반드시 최상의 경지까지 끌어올려 완성시켜야 할 열 가지 덕목인 십바리밀 가운데 첫 번째다. 보살이 완전한 보시행을 달성하려면 보통 사람들이 해낼 수 있는 것보다 훨씬 많은 것을 해내야만 한다. 고따마 붓다가 과거에 보살이었을 때 자기 몸이나 세간의 이익을 조금도 돌보지 않고 어떻게 보시를 했는지 보여주는 이야기들이 《본생경Jātaka》에 수없이 나온다. 보시를 할 때 보살이 마음에 두는 것은 오로지 깨달음을 위해 꼭 필요한 자질을 갖추고자 하는 것뿐이다.

《소부小部》의 하나인 《소행장所行藏》[11]은 보살의 전생 이야기 열 가지를 담고 있다. 이 전생 기간 동안 보살이 한 번은 상카Sankha라는 이름의 브라만으로 태어났다. 어느 날 그는 한 벽지불[獨覺]이 사막길을 맨발로 걸어가는 것을 보았다. '공덕을 쌓겠다고 발원했으면서 지극 정성으로

---

11 I. B. 호너 영역英譯, 《소행장Minor Anthologies of the Pāli Canon》 Part III. (PTS: London, 1975) 참조.

보시하기에 가장 훌륭한 분을 만나고도 보시하지 않는다면 내 공덕은 줄어들고 말 것이다'라고 생각한 상카는 자신도 체질이 허약해서 꼭 신어야 하는 자기 신발을 그 벽지불에게 드렸다.(1장 제2화)

또 어느 한때 보살이 마하 수닷사나라는 이름의 황제였던 적이 있었다. 보살은 날마다 자신의 영토 방방곡곡에 전령들을 보내 원하는 것이 있는 사람은 와서 말하기만 하면 무엇이든지 얻을 수 있음을 백성들에게 알렸다.
"낮이든 밤이든 걸인들은 무엇이든지 받아갈 수 있노라"고.
마하 수닷사나 왕은 오직 스스로 깨달음을 이루겠다는 일념으로 아무런 집착이나 보답을 바라지 않고 진실로 아낌없이 베풀었다.(1장 제4화)

보살이 최고 경지의 보시행을 성취하고자 한다면 그는 물질적인 재화보다 훨씬 더 주기 힘든 것을 베풀어야 한다. 자기 몸의 일부나 자기 자녀들이나 아내, 심지어는 자신의 목숨조차 거침없이 내어줄 수 있어야 한다. 역시 부처님께서 아직 보살로서 시위*Sivi* 왕이었을 때, 눈먼 노인으로 나타난 제석천에게 맨손으로 자신의 두 눈을 빼주었다. 보살에게 이와 같은 훌륭한 보시행의 기회를 만들어 주려고 제석천은 눈먼 노인 행세를 하며 시위 왕 앞에 나타났던 것이다. 시위 왕은 이 보시를 행하기 전이나 행하는 동안 조금도 망설이지 않았고, 나중에도 후회하는 빛이 없었다. 그는 "나의 보시행은 오로지 깨달음을 얻기 위해서였다. 두 눈이 내게 소중하지 않은 것은 아니다. 그러나 나에게는 깨달음이 더욱 소중하기에 기꺼이 두 눈을 내주었노라"고 말했다.(1장 제8화)

또 웻산따라*Vessantara* 왕자로 태어났을 때 보살은 경쟁 상대인 이웃 나라 사람들이 행운의 상징인 용맹스런 왕궁 코끼리를 달라고 하자 그대로 넘겨주었다. 이 관대한 처사로 인해 그는 결국 아내와 두 어린 자녀들을 데리고 외진 산 속으로 쫓겨나 살게 되었다. 아내가 낮에 식구들이 먹고 살 야생 열매를 찾아다니는 동안 그는 오두막에서 아이들을 돌보았다. 하루는 우연히 그곳을 지나던 나그네가 그에게 아들과 딸을 달라고 청했다. 웻산따라는 조금도 망설이지 않고 아이들을 내주었고, 나중에는 정숙한 아내까지도 남의 손에 넘겨주었다. 그는 "아이들이 귀찮아서도, 아내 맛디*Maddī*가 싫어서도 아니었다. 완전한 깨달음만이 나에게는 소중한 것이었기에 사랑하는 그들을 버렸노라"고 말했다.(1장 제9화)

물론 그 당시 자녀들이나 아내는 일반적으로 가장의 소유물로 여겨졌던 사실에 유의할 필요가 있다. 맛디 부인 또한 이미 오래 전에 보살의 아내가 되어 보살이 깨달음을 이루기기까지 겪어야 할 모든 시련을 함께 나누기로 원력을 세운 바 있었다. 그녀가 세운 서원의 과보가 깨달음을 얻겠다는 웻산따라 왕자의 의지를 도와 완성시켰고, 자신은 남의 손에 넘겨지게 된 것이다. 그 아이들 또한 부모를 떠나는 것으로 자신들의 과거 업의 과보를 겪었을 것임에 분명하다.

언젠가 보살은 영리한 토끼로 태어난 적이 있었다. 그는 배고픈 브라만에게 공양을 올려 허기를 면하게 하려고 기꺼이 불 속으로 뛰어들었는데 그 브라만은 이번에도 제석천이 몸을 바꾼 것이었다. 몸과 목숨을 내던져 최상의 보시를 행하겠다는 보살의 순수한 마음 덕분에 타오르는 불꽃이 살을 태워도 그는 아픔을 느끼지 않았다. 보살은 그때 일을 이야기하면서 "완전한 보시 바라밀을 실현했던 까닭에 불꽃이 마치 시원한 물인 양 나를 진정시키고 평온을 가져다주었다"고 말했다.

보시의 궁극적 목표

수행에 나선 불자의 목적은 거듭되는 생사윤회의 고苦로부터 벗어나는 데 있다. 부처님께서는 어리석음[無明]과 어리석음에서 생겨난 번뇌들을 뿌리 뽑을 때 고가 완전히 없어진 열반에 이를 수 있다고 가르치셨다.

불선한 성향들 때문에 우리는 '자아가 있다'는 착각에 빠지고, 그것에 집착하게 된다. 또한 본질적으로 무상하여 절대로 만족을 줄 수 없는 것들로 우리의 지칠 줄 모르는 감각적 욕망을 충족시키려고 안달하게 된다.

부처님께서는 보시행이 마음을 깨끗이 하려는 노력에

도움이 된다고 말씀하셨다. 선한 마음으로 행하는 보시는 다음 세 가지 방식으로 고의 근절을 돕는다. 첫째, 우리가 누구에게 무언가를 주려고 마음먹으면 그 순간 그 사물에 대한 우리의 집착이 줄어든다. 따라서 베푸는 버릇이 몸에 붙으면 불행의 주된 요인 가운데 하나인 갈애가 점차 약해진다. 둘째, 선한 마음으로 보시행을 하면 앞으로 여러 생에 걸쳐 청정한 불법을 만나고 또 수행하기에 적합한 복된 곳에 태어나게 된다. 마지막으로 가장 중요한 것은 열반을 얻을 수 있을 정도로 마음을 다스리기 쉽게 만들고자 하는 생각을 가지고 보시를 하면 그 너그러운 행위는 곧바로 계戒·정定·혜慧 수행의 향상을 돕는다.

계·정·혜는 바로 부처님께서 가르쳐 주신 고귀한 팔정도를 구성하는 내용이며, 팔정도의 완성은 고의 소멸에 이르는 길이다.

만일 우리가 내세에 복된 삶을 얻겠다는 소망을 포기한다고 해도, 보시를 놓지 않고 꾸준히 행한다면 우리의 목적을 성취할 수 있다. 그러나 부처님께서는 내생의 세간적인 복을 구해 노력하는 것보다는 해탈을 향한 수행으로

서의 보시가 훨씬 수승하다고 하셨다. 왜냐하면 복을 받겠다는 소망으로 하는 보시는 어딘가 마음 속 깊이 자리잡은 불선한 갈애의 뿌리와 연결되어 있기 때문이다. 그러한 보시행으로 얻은 공덕은 덧없는 즐거움 속에서 언젠가는 끝이 오기 마련이고 또 그렇게 얻은 세간적인 행복은 좀 더 깊이 생각해 본다면 다른 형태의 고품이며 그래서 괴로울 수밖에 없는 생사윤회 속을 언제까지나 헤매게 만들 뿐이다.

갈애를 내포하고 있는 보시는 윤회를 벗어나게 하는 길도, 결코 멸하지 않을 행복에의 길도 아니다. 그러한 경지는 오로지 갈애의 완전한 소멸에 의해서만 이루어지기 때문이다. 갈애와 집착으로 오염되지 않은 청정한 보시행은 불법佛法이 살아 있는 시대, 즉 중생이 부처님의 가르침을 만날 수 있는 시대에만 실현될 수 있다. 따라서 지금 바로 그런 시대에 태어나 살고 있는 우리가 무언가를 베풀 때는 갈애를 뿌리 뽑으리라는 원력을 세우고 행하는 것이 마땅하다.

갈애가 끝나고, 고가 멈추면, 그것이 곧 해탈이다.

이와 같은 법보시 공덕이
모든 중생들에게
두루 나누어지이다!

빠알리 경전에 나타나는 보시

릴리 드 실바*

빠알리 경전의 가르침은 보시행을 훌륭한 덕행으로 기리고 있다. 실제로 보시는 해탈을 향한 수행길의 출발점이다. 부처님은 초심자들을 가르치실 때, 보시의 미덕을 설명[12]하는 것으로 그 단계에 맞는 설법을 시작하셨다. 세 가지 복 짓는 일[三福業事] 가운데서도 보시가 첫 번째이며, 그 다음은 계율을 수지하는 것, 마음을 닦는 일이다.[13] 이는 또한 부처가 되기 위해서 완전하게 성취해야 하

---

* 릴리 드 실바*Lily de Silva*: 스리랑카의 뻬라데니야 대학의 빠알리어와 불교학 교수이다. 불교 학술지와 신문, 잡지에 정기적으로 기고하고 있으며, 런던 PTS에서 출간한 《장부》의 복주서를 편집하였다.
[역주] 〈고요한소리〉에서 번역, 출간된 저작으로는 법륜·다섯 《한 발은 풍진 속에 둔 채》, 보리수잎·스물여섯 《오계와 현대사회》, 보리수잎·서른아홉 《스스로 만든 감옥》 등이 있다.

12 《율장》 I, 15, 18.

13 《증지부》 IV권 241쪽.

는 십바라밀의 첫 번째이기도 하다. 따라서 아라한이나 부처와 같은 해탈의 경지를 향해 나아가려면 보시를 실천하는 것이 첫걸음이어야 한다.

보시의 기능

보시행은 삼독심三毒心의 첫 번째인 탐욕을 무찌르는 데 있어 최상의 무기인 까닭에 불자들의 마음 닦는 수행 과정에서 제일 앞자리를 차지한다. 중생들은 자기의 됨됨이를 '나'라고 여기고 자신의 소유물을 '내 것'이라고 고집하기 때문에 탐심은 자기 본위와 이기심에 싸여 있다. 베푸는 행위는 바로 이러한 이기심을 녹여 내는 데 도움이 되며 또한 이기심과 탐욕이라는 독성을 치유하는 해독제인 것이다. 〈데와따 상윳따〉에서는 "탐욕의 때를 벗겨내고 보시를 행하라"[14]고, 《법구경》에서는 "보시로 인색함을 이기라"[15]고 권고한다.

---

14 《상응부》〈데와따 상윳따 *Devatāsaṁyutta*〉I 권 18쪽.

15 《법구경》223게 *jine kadariyaṁ dānena*

탐욕과 이기심이 강하면 강할수록 보시의 미덕을 베풀기는 어렵게 된다. 〈데와따 상윳따〉에서 보시행을 하나의 투쟁과 같다고 한 것은 그런 이유에서이다.[16]

자신에게 소중하고 쓸모 있는 것을 남에게 베풀기로 마음먹기 전에 사람은 우선 탐욕이라는 사악한 힘과 싸워야 한다. 〈메추리 비유 경〉은 정진력이 모자란 사람이 이미 몸에 붙인 습을 버리기가 얼마나 어려운지를 설명하고 있다.[17] 조그만 메추리는 하찮은 썩은 덩굴에 걸리기만 해도 죽는 수가 있다. 비록 힘없는 썩은 덩굴이라도 그 조그만 새에게는 엄청난 속박이 된다. 그러나 힘센 코끼리에게는 쇠사슬도 그다지 큰 힘을 못 쓴다. 이와 마찬가지로 가난하고 불행한 데다 마음마저 나약한 사람은 낡고 보잘것없는 소유물도 버리지 못하는 데 비해, 왕이라 해도 마음이 굳센 사람은 탐욕이 얼마나 위험한 것인지를 확신하면 왕국이라도 내놓을 수 있다.

---

16 《상응부》I 권 20쪽. "*dānañ ca yuddhañ ca samānam āhu*"

17 《중부》〈*Laṭukikopama Sutta*〉I 권 449쪽.

인색함만이 보시의 장애인 것은 아니다. 업의 작용이나 사후 세계에 대해 관심이 없고 아는 것도 없으면 베풀고 싶은 마음이 생기기 힘들다.[18] 보시행이 정신적으로 얼마나 이로운 것인지 아는 사람이라면 이 위대한 덕행을 실천할 기회를 잡기 위해 잠시도 방심하지 않을 것이다. 부처님께서는 "만일 사람들이 보시의 가치에 대해 나만큼 알고 있다면 단 한 끼의 밥이라도 남들과 나누어 먹으려 할 것"[19]이라고 말씀하셨다.

보시하는 사람의 품성

경전에는 보시하는 사람들이 지니는 품성을 여러 가지로 표현하고 있다.[20] 그러한 사람은 신심이 확고하며, 계를 지켜 건전하게 살아가는 생활의 고귀함과 업의 인과 법칙

---

18 《상응부》〈데와따 상윳따〉I권 18쪽, "*maccherā ca pamādā ca evaṁ dānaṁ na dīyati.*"

19 《여시어경》 18쪽.

20 《장부》 5경 〈꾸따단따 경*Kūṭadanta-Sutta*〉I권 137쪽.

그리고 내생이 있음을 조금도 의심하지 않는다. 또한 인간이 도덕적으로 영적으로 완성될 수 있음을 믿는다. 요컨대 그러한 사람은 물질주의자가 아니며 불·법·승, 삼보에 확신을 가지고 귀의한 사람이다. 또한 한낱 뭔가를 주는 자로 그치지 않고 주인답게 베푸는 자이기도 하다. 주석서는 '주인답게 베푸는 자[施主, 檀越]'의 개념을 다음과 같이 설명한다.

> 자신은 맛난 것을 즐기면서 남에게는 맛없는 것을 주는 사람은 자신이 베푸는 선물의 종이다. 자신이 즐기는 것과 같은 것을 베푸는 사람, 그는 선물의 친구쯤 된다. 자신은 아무것이나 되는 대로 만족하며 남에게는 좋은 것을 베푸는 사람, 그가 곧 주인답게 베푸는 자이며 자신이 베푸는 선물의 어른이요 주인이다.

보시하는 사람은 또한 가난한 이들을 위해 늘 문을 열어놓고 있는 사람으로 묘사되기도 한다. 그는 출가 수행자, 브라만, 곤궁한 사람, 여행자, 유랑인과 걸인들을 위한 샘터가 되어 준다. 이와 같은 품성으로 그는 온갖 공덕을 짓는다. 그는 아낌없이 베푸는 자이며 자기에게 돌아오는 복을 기꺼이 나누어 주는 자이다. 가난한 사람의 어려운 사정을 이해하는 자애로운 사람이며, 언제라도 남들의 요구에 응할 준비가 되어 있는 아끼지 않는 사람[21]이다. 또한 마음 놓고 부탁할 수 있는 사람이다. 어려운 사람들에게 베푸는 것을 즐거움으로 삼는 사람이며, 베푸는 일에 마음을 쏟는 사람이다. 경전에서는 보시하는 사람들의 너그러운 품성을 이와 같은 말들로 기리고 있다.

고매한 마음으로 베푸는 사람은 주기 전에도, 주는 동안에도 그리고 주고 나서도 기쁜 사람이다.[22] 베풀 기회가 생겼다는 기대에 보시하기 전에 이미 즐거우며, 필요한 것을 충족시켜 다른 이를 기쁘게 해주기에 주는 동안에 즐겁고, 주고 나서는 좋은 일을 했다는 것에 만족한다. 경전들은 덕 있는 사람이 되는 중요한 자질 가운데 하나로 너그러움을 꼽는다.[23] 부처님께서는 바르게 모은 재산을 어

---

21 이는 청정한 손*parisuddha-hattha*이라고도 설명되며, 베풀기 전에 자신의 손을 닦는 풍습에서 유래된 것이다.

22 《증지부》 III권 336쪽.

23 《증지부》 IV권 220쪽.

려운 사람에게 베푸는 이를 두 눈을 갖춘 사람으로, 모으기만 할 뿐 베풀지 않는 사람을 한쪽 눈 밖에 없는 사람으로 비유하신다.[24] 《숫따니빠아따》(102게)에서는 '베풀 줄 모르고 혼자만 부富를 즐기는 사람은 자기 무덤을 파는 사람'이라고 말하고 있다.

시물施物

무엇이든지 유용한 것이면 다 시물이 될 수 있다. 《닛데사》[25]는 보시하기에 적당한 열네 가지 품목들을 열거하고 있다. 즉 승복, 식사공양, 머물 곳, 환자를 위한 약품과 기타 필수품, 먹을 것, 마실 것, 옷가지, 탈것, 화환, 향수, 연고, 침구, 집 그리고 등불이다. 처한 형편에 따라 베풀 수 있는 것이므로 보시를 실천하는 데 반드시 많은 것을 가져야 할 필요는 없다. '작은 데서 내준 것이 천 배의 값어

---

24 《증지부》 I권 129~130쪽.

25 《Niddesa 義釋》 2:523.
　[역주]《닛데사》는 《소부小部》의 열한 번째 경

치가 있다'[26] 또는 '원하는 이 있거든 작은 것에서라도 떼어 줄 것이니'[27]라는 경전 말씀에서 보듯이 빈곤한 살림 속에서 베풀어진 보시는 매우 소중하게 여겨진다. 보잘것 없는 수입으로 근근이 생계를 꾸려가면서도 바르게 살며, 분수에 맞게 가족을 부양하고, 어려운 살림 속에서도 남에게 베풀고자 하는 마음을 낼 때, 그의 보시는 천 번의 제사를 올리는 것보다 더 가치 있다.[28] 부처님께서는 올바른 수단으로 모은 재물로 베풀어진 공양을 크게 칭찬하신다.[29] 이렇게 보시하는 재가불자는 금생에서나 내생에서나 복이 많은 사람으로 일컬어진다. 〈마아가 경〉에서 부처님께서는 '바른 수단으로 벌어 궁핍한 사람에게 후하게 베푸는' 마아가를 매우 칭찬하신다.[30]

비록 적은 양이라도 깊은 신심으로 베푸는 사람은 복

---

26 《상응부》 I 권 18쪽.

27 《법구경》 224게.

28 《상응부》 I 권 19~20쪽.

29 《증지부》 III권 45~46쪽, 354쪽 ; 《여시어경》 66쪽.

30 《숫따니빠아따》 III 〈대품 *Mahāvagga*〉 5경 〈마아가 경 *Māghasutta*〉.

된 미래를 맞이할 수 있다. 〈천궁사경〉[31]에는 이와 같은 사례들이 많다. 아아짜아마다아이까 위마아나왓투 *Ācāmadāyikā vimānavatthu*에 의하면 아아짜아마다아이까 부인이 성스러운 아라한 가섭 존자에게 정성으로 베푼 한 줌의 쌀겨 공양 공덕으로 부인은 다음 생에서 아름다운 천상에 나게 되었다.

〈보시에 대한 분석의 경〉[32]에서는 이렇게 가르친다. "보시하는 사람이 덕이 있을 때 보시물은 베푸는 사람으로 인해 청정해진다. 받는 사람이 덕이 있으면 받는 이로 인해, 양쪽이 모두 덕이 있을 때는 주는 이와 받는 이 모두로 인해 청정한 시물이 되며, 만일 양쪽 모두 순수하지 못하면 부정한 보시가 된다." 또한 법보시, 즉 불법을 널리 보급시키는 일은 모든 보시를 능가하는 것이다.[33]

《증지부》에는 예부터 성인들이 훌륭한 보시물이라고

---

31 《천궁사경天宮事經 *Vimānavatthu*》은 《소부小部》의 여섯 번째 경.

32 《중부》 142경.

33 《법구경》 354게. "*sabbadānaṁ dhammadānaṁ jināti*"

존중해 온 다섯 가지를 언급하고 있다.[34] 그러한 보시의 가치는 옛날이나 지금이나 미래에나 결코 의문의 여지가 없는 것이다. 사려 깊은 출가 수행자들이나 브라만들은 바로 이러한 보시를 가장 존중했다. 이 다섯 가지 위대한 보시는 바로 오계五戒를 철저히 지키는 것이다. 오계를 철저히 지키는 사람은 계행을 통해 모든 중생들의 두려움을 없애주며 자비와 은덕을 베풀 수 있기 때문이다. 누군가가 행동을 바로 하여 사람들을 안심시키고 두려움에서 벗어나게 해준다면 이는 사람에게 뿐만 아니라 모든 유정들에게 베푸는 세상에서 가장 고결한 보시행일 것이다.

보시 받을 사람들

경전은 또한 누구에게 보시물이 베풀어져야 마땅한지에 대해서 설명하고 있다.[35] 집에 찾아 온 손님이나 여행자나 병든 이들을 친절하고 정성스럽게 보살피고, 기근이

---

34 《증지부》 IV권 246쪽.

35 《증지부》 III권 41쪽.

들면 마땅히 곤궁한 사람들에게 후덕하게 베풀어야 한다. 새로 추수한 햇곡식은 제일 먼저 덕 높은 분들께 올려야 한다.

경전에는 일반인들의 보시를 절실히 필요로 하는 사람들로 출가 수행자, 브라만, 의지할 곳 없는 사람, 길손, 유랑인, 걸인들이 나온다. 출가 수행자나 브라만들은 생업을 가지지 않는 종교인으로서 재가자들을 정신적으로 지도해 주고, 재가자들은 그들을 물질적으로 후원하게 되어 있다. 가난한 사람은 생존을 위해 넉넉한 사람의 도움이 필요하고, 풍족한 사람은 가난한 사람들을 도우면서 정신적으로 더욱 부유해진다. 교통수단이나 여행자들을 위한 시설이 제대로 갖추어지지 못했던 시대에는 일반인들이 자진해서 길손들을 돕는 일에 나서야만 했다. 불교에서는 위에 언급된 여러 부류의 사람들을 돕는 것을 사람이 당연히 해야 할 도덕적 의무로 여긴다.

부처님께서는 《증지부》에서, 브라만들이 제사에서 쓰는 불을 비유로 들어 정성과 존경심으로 돌보아야 할 세 부류의 사람들을 설명하신다.[36]

첫 번째는 공경해야 할 불로, 존경하는 마음으로 잘 보살펴드려야 할 부모님을 말한다.

두 번째는 가장家長의 불로, 아내와 자녀들, 피고용인과 부양가족들이다.

마지막으로 나오는 공양해야 될 불은 성위聖位[37]를 이룬 아라한이나 마음속의 해로운 요소들을 닦아내기 위해 수행의 길에 들어선 사람들을 말한다.

이 모든 사람들은 마치 브라만 사제가 제사 의식에 쓸 불을 간수하듯이 정성스럽게 보살펴야 한다. 《숫따니빠아따》의 〈마하 망갈라 경〉[38]에 따르면 재가자가 할 수 있는 가장 상서로운 일 가운데 하나는 친지들을 극진하게 대접하는 일이다.

한번은 꼬살라 왕이 누구에게 공양을 올려야 할 것인

---

36 《증지부》IV권 44쪽.

37 [역주] 성위聖位: 해탈 수행에 의해 성자가 차례로 증득하게 되는 네 가지의 초세간적 경지. 예류과豫流果, 일래과一來果, 불환과不還果, 아라한과阿羅漢果.

38 《마하 망갈라 경Mahā-maṅgala Sutta》 262~263게.

지 부처님께 질문했다.[39] 부처님께서 "기쁘게 베풀 수 있는 사람에게 베풀라"고 답하셨다. 그러자 그는 다시 큰 공덕을 얻으려면 누구에게 베풀어야 되는지 물었다. 부처님께서는 질문을 두 가지로 구별하여 각각 대답해 주셨다. 먼저 덕 높은 이에게 베푼 공양이 큰 결실을 맺는다고 답하시고, 이어서 다섯 가지 장애[40]를 제거하고 지계持戒, 선정禪定, 지혜智慧, 해탈解脫 그리고 해탈지견解脫知見을 성취한 덕 높은 출가 수행자에게 베푼 공양이 가장 수승한 공덕이 된다고 명백히 밝히셨다.

〈삭까 상윳따Sakka-saṁyutta〉[41]에서 삭까Sakka 帝釋天 역시 누구에게 베푼 보시가 제일 공덕이 큰가를 부처님께 묻는다. 부처님께서는 승가僧伽에 베푸는 것이 가장 큰 결실을 맺는다고 말씀하시고, 당신께서 말씀하시는 승가란

---

39 《상응부》I 권 98쪽.

40 [역주] 다섯 가지 장애nīvaraṇa: 감각적 욕망, 악의, 해태와 혼침, 들뜸과 회한, 의심. 법륜·아홉 《다섯 가지 장애와 그 극복 방법》, 〈고요한소리〉 참조.

41 《상응부》I 권 233쪽.

'성위를 향하는 길에 들어섰거나, 사성위四聖位 가운데 한 과果를 이미 성취하고 계·정·혜를 갖춘 바르고 고매한 성자들의 집단'이라고 밝히셨다. 《율장》[42]에서 말하는 승가란 특정한 의식, 의결 같은 종교적인 목적을 위해 승단을 대표하여 정족수 이상의 승려들이 모여 이룬 집단을 뜻한다. 하지만 경전에서의 승가란 네 쌍의 성스러운 인격체, 즉 예류향豫流向, 일래향一來向, 불환향不還向, 아라한향阿羅漢向의 길을 가고 있거나 이미 거기서 과果를 성취한 여덟 부류의 사람[四向四果]을 의미한다.

〈마아가 경〉[43]은 공덕 짓기를 원하는 사람이 누구에게 공양을 올려야 하는지 알려주기 위해 아라한의 덕목을 자세히 설명하고 있다. 〈바라문 상응〉[44]에서는 가장 큰 결실을 맺게 해 줄 보시는 '전생을 아는 이, 천상과 지옥을 본 이, 더 이상 태어남을 받지 않을 이 그리고 최상의 깨

---

42 《율장Vinaya》I 권 319쪽.

43 《숫따니빠아따》III 〈대품Mahāvagga〉5경

44 《상응부》I 권 175쪽.

달음을 성취한 이에게 베풀었을 때'라고 설명한다.

경전 속에 묘사되는 바와 같이 승가가 도덕적으로 완벽하고 공양 받을 자격을 갖춘 훌륭한 인격체들로 구성될 때 복을 거둘 수 있는 복전福田이 된다.[45] 마치 물이 풍부하고 비옥한 땅에 뿌려진 씨앗이 많은 수확을 내듯이 성스러운 팔정도에 확고하게 들어선, 계행 청정한 이들에게 베푼 공양은 훌륭한 결과를 낳는다.[46]

《법구경》(356~359게)에 의하면 "잡초에 덮여 못 쓰게 된 밭처럼 사람은 탐욕, 성냄, 어리석음, 바람, 갈애로 어지럽혀진다. 그러므로 이러한 오점들을 없앤 이들에게 베푼 보시는 큰 공덕을 낳는다." 보시가 어떤 결실을 맺는가는 베풀어진 시물의 양이나 질보다도 받는 사람이 어떤 자질을 갖춘 복전인가에 더 좌우된다.

---

45 《중부》I권 447쪽.

46 《증지부》I권 162쪽, IV권 238쪽.

47 《증지부》IV권 392~395쪽.

부처님께서 웰라아마*Velāma*라는 바라문으로 태어났을 때 행한 엄청난 보시 이야기[47]가 《증지부》에 나온다. 보살은 누구든지 원하는 사람에게는 음식, 음료, 의복은 말할 것도 없고 금, 은, 코끼리, 소, 수레 따위까지 아낌없이 베풀었다. 그러나 그 사람들이 훌륭한 수혜자가 아니었기 때문에 그러한 아낌없는 선심도 공덕을 쌓는 면에서는 별로 큰 가치가 없었다. 그런 식으로 베푼 웰라아마의 엄청난 보시보다 정견正見을 갖추고 수다원[豫流]에 든 사람을 공양하는 공덕이 크고, 백 명의 수다원보다 한 사람의 사다함[一來]을 공양함이 더욱 크다. 마찬가지로 그 다음의 성위인 아나함[不來, 不還]은 사다함보다, 아라한은 아나함보다, 벽지불[獨覺]은 아라한보다 그리고 정등각불正等覺佛에게 하는 보시는 벽지불보다 그 공덕의 크기가 더욱 더 크다. 부처님과 승가를 함께 공양하는 것이 부처님 한 분만을 공양하는 공덕보다 크며 언제 어디서나 승가가 사용할 절을 세우는 일은 더 큰 공덕이 된다. 그러나 불·법·승, 삼보에 귀의하는 것은 그보다 더욱 훌륭하다. 그보다 오계를 지키는 삶은 더욱 값진 일이다. 그리고 그보다 더 나은 것은 자비관을 닦아 자애심을 계발하는 것이며, 더 나

아가 가장 수승한 것은 우리를 열반으로 이끌어 줄 '무상
無常을 꿰뚫어 보는 지혜'를 계발하는 일이다.

보시의 동기

경전들은 보시를 실천하는 동기를 여러 가지로 기록해
놓았다. 《증지부》에서는 보시행의 동기를 다음과 같이 여
덟 가지로 분류하고 있다.[48]

1. 불편한 기분으로, 혹은 상대방의 비위를 거스르려
   는, 혹은 모욕하려는 마음으로 준다.
2. 두려워서 준다.
3. 전에 받았던 것의 보답으로 준다.
4. '언젠가는 그 사람도 내게 주겠지' 생각하며 준다.
5. 주는 것은 좋은 일인 것 같아서 준다.
6. '나는 밥을 지었는데 이 사람들은 밥을 하지 않았구
   나. 밥을 해 놓은 사람이 밥 없는 사람에게 주지 않
   는 것은 온당치 못하지'라고 생각하며 준다. 그만큼

---

48 《증지부》 IV권 236쪽.

애타적인 동기로 베푸는 사람들이다.

7. '이 공양을 올리면 덕 있는 사람이라는 칭찬이 자자해지겠지'라고 생각해서 준다.

8. 자신의 마음을 가꾸고 아름답게 하기 위해 보시를 한다.

때로는 편애하는 마음이나 악의 또는 망상에 빠진 나머지 보시를 하기도 하고 때로는 집안의 오랜 전통을 이어가기 위해 공양을 베풀 수도 있다. 사후에 천상에 태어나고자 하는 바람 역시 보시의 동기 가운데 중요한 자리를 차지한다. 그런가 하면 어떤 사람들에게는 베푸는 것 자체가 기쁜 일이므로 좋은 기분을 맛보자는 생각으로 베풀기도 한다.[49]

그러나 경전[50]에서는 그 무엇도 바라는 마음 없이 공양을 베풀어야 한다고 강조한다. 더구나 받는 사람에게 집

---

49 《증지부》 Ⅳ권 236쪽.
50 《증지부》 Ⅳ권 62쪽.

착을 가지고 베풀어서는 안 된다. 만일 나중에 쓸 것을 염두에 두고 공덕을 쌓아 두자는 생각이나 사후에 보시의 과보를 누리기를 바라며 베푼다면 이는 졸렬한 보시이다. 단 하나 바람직한 보시의 동기는 욕심과 이기심의 추한 때를 벗겨내고 마음을 아름답게 가꾸어 나가고자 하는 것이다.

보시하는 태도

경전[51]에서는 베푸는 태도를 매우 강조한다. 보시할 때는 시물의 크고 작음에 관계없이, 베푸는 사람과 받는 사람 사이에 선의善意가 오가고 있느냐에 따라 보시행의 자세는 엄청난 차이를 만든다.

공손히 베풀어야 한다. 받는 사람이 굴욕감이나 부끄러움을 느끼거나 마음을 상하지 않도록 배려하면서 베풀어야 한다. 곤경에 처한 사람은 남에게 무언가를 청할 때

---

51 《증지부》 Ⅲ권 172쪽 등.

으레 거북한 기분을 느끼기 마련이다. 그러므로 그를 더욱 낭패스럽게 만들거나 이미 짓눌린 가슴을 더욱 답답하게 하지 않는 것이 주는 사람의 마땅한 도리일 것이다.

지극한 마음으로 베풀어야 한다. 주는 사람이 기꺼운 마음으로 대하고 있다는 느낌을 받는 사람이 느끼도록 해 주어야 한다. 이렇게 따뜻한 마음으로 보시할 때 주고받는 사람 사이에는 서로 간격이 없고 넉넉한 정이 솟아나게 된다.

자기 손으로 직접 베풀어야 한다. 보시 행을 할 때 스스로 직접 참여하는 것은 매우 유익하다. 이것은 주고받는 사람 사이에 마음의 다리를 놓아주며, 그것이 곧 보시의 사회적 의미이기도 하다. 사람들이 몸소 나서서 따뜻한 인정으로 덕을 베풀 때 이 사회는 서로 걱정해 주고 돌봐주는 하나의 유기체로 융합될 것이다.

버리기에 알맞은 것을 베풀어서는 안 된다. 받는 사람에게 유용하고 합당한 것만을 베풀도록 주의해야 한다.

받는 사람이 다시 오고 싶지 않을 만큼 쌀쌀맞게 베풀어서도 안 된다.

지극한 신심을 가지고 베푸는 행동은 경전 안에서 거

듭 칭송을 받고 있다.[52] 특히 출가자에게 공양을 올릴 때는 그런 기회를 갖게 된 것을 기뻐하며 겸손하게 공경하는 자세로 대접해야 하고 요긴하게 쓰일 수 있도록 적절한 시기에 베풀어야 한다. 이렇게 때맞춘 보시는 궁지에 처한 사람의 근심과 초조함을 덜어주므로 가장 귀하다.

남들이 어려울 때 그저 돕는다는 이타적인 마음으로 베풀어야 한다. 베푸는 행위에 있어서 스스로나 받는 사람의 마음이 상하지 않도록 신중하게 베풀어야 한다.

부처님께서는 사려 깊게 베푸는 것을 장려하셨다. 만약 시물이 받는 이를 복되게 한다면 주는 것이 현명한 일이다. 그러나 받는 이의 안녕을 저해하게 될지에 대해 신중하게 고려해야만 한다. 위에 설명한 것과 같은 보시는 고매한 보시 행위로 크게 권장할 만한 것이다. 무엇을 베푸는가보다는 어떻게 베푸는가가 보시의 가치를 결정한다. 크게 베풀 만큼 넉넉하지 못한 처지라 해도 베푸는 이의 태도에 따라 받는 사람이 배려를 받고 있다고 항상 느끼게 할 수 있다.

---

52 《증지부》 III권 172쪽.

보시의 가치

경전을 보면 보시에서 얻을 수 있는 여러 가지 공덕을 열거한다. 보시는 사회 구성원들을 응집시키고 단결시키는 힘이 있다. 보시는 가진 자들과 가지지 못한 자들 사이에 놓인 물질적, 경제적 격차를 메워주기보다는 심리적 단절을 이어 주는 최선의 방법이다. 보시가 자리 잡을 때 서로를 미워하는 마음은 어느새 사라져 버린다.[53] 마음이 너그러운 이는 남들로부터 사랑을 받고 친한 사람이 많다.[54] 베푸는 일은 또한 정을 돈독하게 해 준다.[55]

어떤 사람이 보시한 후에 어느 특정한 곳에 나고자 발원하더라도 그 소원은 오직 계행이 청정할 때에만 실현될 수 있다.[56] 만일 어떤 사람이 극히 얼마 안 되는 보시행과 계행을 실천했을 뿐이고 선禪 수행에 관해 아는 바가 없

---

53 《숫따니빠아따》 506게.
54 《증지부》 III권 40쪽.
55 《숫따니빠아따》 187게.
56 《증지부》 IV권 239쪽.

다면, 다음 생에서 그는 인간계에 불행하게 태어난다. 또 상당한 정도의 보시나 지계持戒 등의 선행을 하지만 선 수행에 대한 이해가 없으면 인간계의 복락을 누리는 데 그친다. 그리고 참선에 대해 전혀 아는 바 없어도 한없이 많은 보시행을 하고 계를 철저히 지킨 사람은 천상에 태어나게 되며, 그들은 수명과 미모, 복락과 명성 그리고 오관의 감각적 즐거움에서 다른 신들을 능가한다.[57]

《증지부》에서는 보시를 베푼 결과 누리게 되는 세간적인 복덕으로 '인색하지 않고 후덕한 사람은 남들의 호감을 얻는다. 아라한들이 그에게 다가와 그의 공양을 받고 그에게 제일 먼저 법을 가르쳐 준다. 그에 대한 좋은 평판이 퍼진다. 그는 어떠한 모임에도 자신감과 위엄을 가지고 참석할 수 있다. 사후에 좋은 곳에 태어난다.'[58]는 점을 꼽는다. 또 관대한 사람은 인망을 얻고 고결한 성품을 가진 사람들이 그와 어울리며, 재가자의 도리를 다한 것에 스

---

57 《증지부》 IV권 241~243쪽.

58 《증지부》 IV권 79쪽.

스로 만족한다고 덧붙이고 있다.[59]

베푸는 사람은 다른 사람들에게 생명과 아름다움과 행복과 활력과 지성을 준다고 한다. 남에게 그와 같은 것을 베풀면 실은 자기에게 베푸는 것이나 다름없으니,[60] '심은 대로 거둔다'[61]는 말이 그 뜻을 간결하게 잘 드러낸다.

신심으로 베푼 보시는 언제 그 결실을 맺든지 재물과 아름다움을 얻게 하며, 그 위에 더 나아가 마땅히 공경할 사람에게 성의껏 공양을 올리면, 공손하고 충실하며 사려 깊은 자손과 아내, 부하와 아랫사람들을 얻게 된다.

때맞춰 베푼 공양으로는 커다란 부를 얻게 될 뿐 아니라 온갖 필요한 것들이 제때에 충족될 것이다.

오직 남을 돕겠다는 순수한 바람으로 베푼 보시는 막대한 부와 오관의 쾌락을 맛볼 수 있는 건강한 체질을 가져다준다.

---

59 《증지부》 III권 41쪽.

60 《증지부》 III권 42쪽.

61 《상응부》 I권 227쪽.

자기와 남을 상하게 하지 않고 행한 보시는 화재, 홍수, 도둑을 막아 주고 통치자의 횡포나 원치 않는 사람이 상속자가 되어 일으키는 화근으로부터 안전하게 보호해 준다.[62]

성스러운 팔정도를 따르는 수행자들에게 베푼 공양은 마치 비옥하고 잘 손질되었으며 물이 충분한 땅에 뿌려진 씨앗이 많은 수확을 내듯이 놀라운 과보를 돌려준다.[63]

아무 보답도 바라지 않고 보시한 사람은 범천梵天에 태어날 수 있고 마침내 불환과를 성취하게 된다.[64]

〈보시에 대한 분석의 경〉[65]에는 보시를 베풀 대상과 그로 인한 공덕이 순서대로 나열되어 있다. 동물에게 베푼 것은 백 배의 보답을 가져온다. 행실이 변변치 못한 보통 사람에게 베푼 보시는 천 배의 보답을, 계행이 훌륭한 사

---

62 《증지부》 III권 172쪽.

63 《증지부》 IV권 238쪽.

64 《증지부》 IV권 62쪽.

65 《중부》 142경 〈Dakkhiṇāvibhanga Sutta〉

람에게 베푼 보시는 십만 배의 보답을 낳는다. 불교에 귀의한 사람은 아니더라도 감각적 욕망을 떨쳐 버린 사람에게 베푼 보시는 십억 배나 되는 과보를 가져오며, 예류의 도道에 들어선 사람에게 베푼 보시는 이루 헤아릴 수 없이 많은 과보를 가져온다. 하물며 예류과를 이미 성취한 사람이나 일래과, 불환과, 아라한, 벽지불 그리고 완전한 깨달음을 이루신 부처님께 올린 보시는 더 말할 나위가 있으랴!

〈보시에 대한 분석의 경〉은 또한 승가에게 베풀어진 보시가 한 스님의 역량을 보고 그분 개인에게 주어진 보시보다 더 큰 가치가 있음을 강조하고 있다. 이 경전은 또한 "먼 훗날, 성직자의 표시로 노랑 가사만을 입었을 뿐, 계를 지킬 줄 모르고 사악한 성질을 지닌 사람들도 나올 것이다. 비록 그와 같은 승려들에게라도 승가에 대해 베푸는 것이 한 승려 개인의 역량에 대해 베푸는 것보다 훨씬 공덕이 크다."고 설명한다. 그러나 이와 같은 말은 계행이 청정한 사람에게 베푼 보시는 크게 유익하지만 부도덕한 사람에게 베푼 것은 그렇지 못하다는 다른 경전의 가르침과 일치하지 않는데, 이것은 후대에 첨가된 말일 가능성이 없지 않다.

부처님께서는 심지어 자기가 먹고 난 밥그릇을 씻은 물이라도 "이 개숫물 속에 있는 음식 찌꺼기가 땅에 사는 미물들의 먹을 것이 되기를 바란다." 하고 후덕한 마음으로 버리면 그 또한 선행이 된다고 하셨다. 그러할진대 사람에게 음식을 베푸는 일이야 얼마나 큰 공덕이겠는가? 그러나 이 경전은 계를 지키는 덕 높은 이에게 베푸는 공양이 더 유익한 것임을 잊지 않고 강조하고 있다.[66]

또 다른 경전[67]은 여섯 가지 자질을 모두 갖춘 보시는 복되기 이를 데 없어 그 공덕의 크기를 상상할 수조차 없다고 가르친다. 이 가운데 세 가지는 보시자의 자질에, 나머지 세 가지는 받는 사람의 자질에 속한다. 주는 사람은 보시를 하기 전에는 주겠다는 생각만으로도 행복해야 하

---

66 《증지부》 I권 161쪽.
67 《증지부》 III권 336쪽.

며, 주는 동안에도 즐겁고, 주고 난 다음에도 만족스러워야 한다. 베풀기 전이나 베푸는 동안이나 그 뒤까지 욕심의 흔적이 조금도 없는 고결한 마음이 보시물을 진정으로 숭고하게 만든다. 수혜자 또한 탐·진·치, 삼독심에서 벗어난 사람이거나, 또는 이와 같은 마음의 때를 닦아내기 위해 이미 수행 길에 들어선 사람이어야 한다. 이처럼 훌륭한 자질을 지닌 사람들 간에 주고받는 보시는 그 공덕이 망망한 바다의 바닷물처럼 측량할 길이 없다.

《율장》〈대품〉[68]에 보면, 부처님께서 위사아카 부인에게 큰 보시행을 함으로써 어떤 이로움을 얻었는지 물으셨을 때, 위사아카 부인은 아낌없이 보시하면서 기대하는 공덕에 대해 지혜롭게 설명했다.

"어떤 비구, 비구니 스님이 어느 성위를 성취했다는 소문을 듣게 될 때 저는 그분께서 사왓티에 머문 적이 있다면 제가 항상 올렸던 공양을 분명히 받으셨으리라 믿습니다. 제 공양이 스님께서 성위를 성취하시는 데 조금이나

---

68 《율장》I권 293~294쪽.

마 도움이 되었을 것을 생각하면 큰 기쁨이 일고 기쁜 마음에서 다시 환희심이 솟아납니다. 마음이 환희심으로 가득 찰 때 몸이 편안해지며, 몸이 편안하면 행복한 느낌이 생기고, 이 행복감은 선정에 들도록 도와줍니다. 이것은 다시 오근,[69] 오력,[70] 칠각지[71]를 계발하게 합니다. 이런 것들이 제가 아낌없이 보시를 함으로써 얻을 수 있다고 생각하는 이로움입니다."

부처님께서는 위사아카 부인의 현명한 대답을 들으시고 기뻐하시며 그녀가 승가에 올리고자 하는 여덟 가지 보시를 쾌히 허락하셨다.

---

69 [역주] 오근五根 *pañca indriya*: 해탈에 이르기 위해 필요한 다섯 가지의 힘 또는 능력. 신근·정진근·염근·정근·혜근을 말함. 보리수잎·하나 《영원한 올챙이》, 〈고요한소리〉 참조.

70 [역주] 오력五力 *pañca bala*: 신·정진·염·정·혜가 확고하게 자리 잡아 큰 힘을 발휘하는 상태. 오근이 더욱 진전, 성숙하여 확립된 단계라고 할 수 있다.

71 [역주] 칠각지七覺支: 깨달음으로 이끄는 일곱 가지 인자因子.
  ① 염각지*sati-bojjhaṅga*　　　② 택법각지*dhammavicaya-bojjhaṅga*
  ③ 정진각지*viriya-bojjhaṅga*　④ 희각지*pīti-bojjhaṅga*
  ⑤ 경안각지*passaddhi-bojjhaṅga*　⑥ 정각지*samādhi-bojjhaṅga*
  ⑦ 사각지*upekkhā-bojjhaṅga*
  법륜·열여섯 《칠각지》, 〈고요한소리〉 참조.

그러나 보시행만으로는 생사 고苦를 끝내기에 충분하지 않다는 것은 분명하다. 부처님께서 으뜸가는 보시자라고 하셨던 아나아타삔디까도 예류과를 얻었을 뿐이다. 특별히 언급되는 것은 철저한 계행이 수반될 때 보시행이 좋은 과보를 가져온다는 사실이다. 비록 아나아타삔디까가 나무랄 데 없는 덕을 실천했지만 그가 정신적인 수행을 했다는 이야기는 어디에도 나오지 않는다. 그러므로 엄청난 보시행을 했지만 그는 예류과에 머물러야만 했다.

〈가띠이까아라 경〉[72]은 보시자가 자리에 없는 가운데 이루어진 특이한 보시 이야기를 담고 있다. 옹기장이 가띠이까아라는 깟사빠Kassapa 부처님의 으뜸가는 후원자였다. 그는 늙고 앞 못 보는 부모님을 봉양하느라 출가는 하지 않았으나 이미 아나함[不還]이 되어 있었으며 고결한 행실과 장한 신심으로 깟사빠 부처님의 신망을 받고 있었다. 어느 날 깟사빠 부처님께서 그의 집에 탁발을 가셨으나 마침 그는 외출 중이었다. 아들이 어디 갔는지를 묻는

---

72 《중부》 II권 52쪽, 81경 〈Ghaṭīkāra Sutta〉.

부처님께 일이 있어 나갔다고 하며 그의 부모님은 그릇 속에 있는 음식을 얼마든지 드시라고 말씀드렸다. 부처님께서는 그렇게 하셨다. 밖에서 돌아와 부모님에게 그날 일어난 일을 듣고 난 가띠이까아라는 부처님께서 자기가 있었다면 당연히 보시했을 것이라고 믿으실 정도로 자신을 신뢰하고 계신 것을 알고는 말할 수 없이 기뻤다. 그의 기쁨과 행복감은 보름 동안이나 지속되었고 부모님의 기쁨과 행복감 또한 이레 동안이나 줄어들지 않았다고 한다.

또 한 번은 깟사빠 부처님이 머물고 계신 사원의 지붕이 새기 시작했다. 새기 시작하는 지붕에 덮을 짚을 구하려고 깟사빠 부처님이 몇몇 비구들을 가띠이까아라에게 보냈는데 그날도 그는 집에 없었다. 비구들이 빈손으로 돌아와 그 집 지붕에 얹힌 짚단밖에는 덮을 것이 없다고 말하자 부처님은 그것이라도 가져오라고 이르셨다. 지붕을 벗겨내는 비구들에게 가띠이까아라의 노부모님이 무슨 일인지 물었다. 사정을 알고 난 부모님은 '모두 갖고 가세요'라고 말했다. 이 이야기를 전해들은 가띠이까아라는 부처님께서 그토록 자신을 신뢰하고 계신 것에 깊이 감동

했다. 그의 마음속에 일어난 기쁨과 행복감은 보름 동안
이나 지속되었고 부모님의 기쁨과 행복 또한 이레 동안이
나 사라지지 않았다. 석 달 동안이나 가띠이까아라의 집
은 지붕도 없이 하늘을 향해 열려 있었지만 빗물이 그 집
을 적시지 않았다고 한다. 가띠이까아라의 장한 신심과
너그러움은 이와 같았다.

이 글의 앞부분에서 이미 언급했듯이 보시는 모든 선
행을 일으키는 시발점이다. 또한 다른 이들을 자애롭게
대하는 네 가지 길[四攝法]⁷³ 가운데 하나이기도 하다. 그
러나 해탈을 위한 깨달음의 서른일곱 가지 요건[三十七助
道品] 가운데 보시가 등장하지 않는 것은 특기할 만하다.
어떤 경⁷⁴에서는 훌륭한 사람의 특성으로 신심, 지계, 박

---

73 《증지부》 IV권 219쪽.
[역주] 대승불교에서는 사섭법四攝法이라 하는데 다음과 같다.
보시布施: 물질[財施]이든 진리의 가르침[法施]이든 정신적 위안[無畏施]
　　　　이든 조건 없이 베푸는 일.
애어愛語: 사람들에게 늘 따뜻한 얼굴로 대하고 부드러운 말을 하는 일.
이행利行: 신·구·의 삼업에 의한 선행으로 사람들에게 이익을 주는 일.
동사同事: 나와 남이 일심동체가 되어 협력하는 일, 중생과 사업을 같
　　　　이 하면서 제도하는 일.

학, 관대함, 지혜의 다섯 가지를 드는데, 이런 경우에 보시라는 '다아나*dāna*' 대신에 관대함이라는 '짜아가*cāga*'가 쓰인다. 준다는 뜻의 보시*dāna*, √*dā*와 소유물을 놓아버림*cāga*, √*tyaj* 사이에는 약간의 차이가 있을 것이다. 보시가 실제로 주는 행위라면 놓아버림은 거듭되는 보시행으로 마음속에 깊이 배어든 이기심 없이 베푸는 자세를 의미한다. 짜아가의 원 뜻은 버림, 포기이며 인색하게 꽉 움켜쥐었던 소유물을 손에서 놓아버림으로 느슨해진 상태를 말한다. 보시행은 때로 편애, 악의, 두려움, 미혹, 명예욕 따위의 불순한 동기로 이루어질 수도 있지만 짜아가는 이기심 없이 놓아버리려는 순수한 덕성이다.

불교는 조금씩 자신을 비워나가는 과정을 가르친다. 우선 물질적인 소유물을 내주는 것으로 첫 걸음을 삼는다. 점차 마음속에 베푸는 성품이 자리 잡고, 그러한 성품이 사물의 실상을 꿰뚫어 보는 깊은 이해로 힘을 얻게 될 때 사람들은 감각적 쾌락의 미망으로부터 깨어나게 된다. 이

---

74 《중부》120경.

러한 단계에 이르면 어떤 사람은 재가자의 생활을 청산하고 출가의 길에 들어서기도 한다. 다음은 감관을 잘 제어함으로써 감각을 통해 들어오는 유혹들을 비워낸다. 그리고 깊이 들어앉은 번뇌를 명상을 통해 제거하고 그 자리를 고결한 자질들로 채운다. 그러나 부정적인 요소들을 제거해 나가는 이 모든 과정은 보시의 실천에서 시작된다.

마음에서 우러난 보시

엠 오 시 월슈*

어떤 사람들은 베푸는 일이 극히 자연스럽게 몸에 배어, 남에게 주면 즐겁고 주지 못하면 불편하다. 혹 분별없이 베푼다 하더라도 그것 역시 가치 있고 공덕이 되는 일임에는 틀림없다. 이것은 모름지기 모든 종교가 인정하는 바로서, 기독교에서는 주는 것이 받는 것보다 더 복된 일이라고 가르치고 있고, 이슬람교에서는 가진 재산의 일부를 가난한 자에게 나누어 주라고 역설하고 있다.

---

* 엠 오 시 월슈M. O' C. Walsh: 1911~1998. 런던대학에서 독일어를 전공, 1951년부터 열성적인 불자였으며 영국 승가 재단의 부회장 역임. 그는 불교에 관한 많은 논문들을 발표했으며 《장부》(Wisdom: London, 1987)를 영어로 완역했다.
[역주] 〈고요한소리〉에서 번역, 출간된 저작으로는 법륜·열하나 《죽음은 두려운 것인가》, 보리수잎·하나 《영원한 올챙이》, 보리수잎 스물·아홉 《이 시대의 중도》, 보리수잎·서른일곱 《왜 불교인가》 등이 있다.

그러나 우리는 우선 일부 사람들을 종종 곤혹스럽게 하는 부분, 즉 승가에 베푸는 보시 문제를 분명하게 짚고 넘어가야 할 것 같다. 재가불자들이 자주 듣고 직접 외우기도 하는 독송 구절 가운데 승가는 '세상을 위한 무상無上의 복전福田'이라는 표현이 있다. 이는 승가에 보시하는 것으로 얻는 공덕은 어디에도 비할 수 없다는 뜻이다. 물론 이런 독송을 듣거나 직접 외우는 재가불자들이 모두 그 의미를 정확히 이해하고 있다고 볼 수는 없다. 그러나 그 의미를 아는 사람들, 특히 그 가운데서 서양 불자들이나 불교에 공감하는 정도의 사람들은 승가가 세상 사람들을 위한 최고의 복을 거두는 밭이라는 구절에 대해 그 표현이 자기중심적이며 일방적이라 여겨 반발심을 드러내기도 한다. 사실 성장 과정에서 조금이라도 루터교의 영향을 받은 사람이면 마틴 루터가 비난한 당시의 가톨릭교회 내 악습을 떠올리게 될 것이다. 그 시대 사람들이 흔히 머릿속에서 '선행'이라고 생각했던 것들은 대부분 안일에 빠져 타락한 사제와 수사들을 먹여 살리는 일들이었다.

　　따라서 일부 서구인들이 무상無上의 복전이라는 표현

에 반발할 만도 하지만 타당한 설명을 해줌으로써 바로잡을 수 있다. 그리고 승가가 부처님의 가르침에 따라 법대로 수행하는 집단이라고 분명히 이해한다면 그런 오해는 하지 않을 것이다. 전통적인 불교 교단은 비구, 비구니 그리고 남녀 재가불자를 합하여 모두 네 부류의 구성원들로 이루어진다. 비록 남방 불교국에서는 원래 있던 비구니 승가는 사라졌지만 출가의 길을 택하여 사실상 비구니로 살아가는 여성들이 있으며 그들의 숫자는 앞으로 계속 늘어날 것이 확실하다.

출가 수행자들과 재가불자들 간의 관계는 하나의 공생 관계이다. 무엇보다도 승가는 귀중한 시물施物인 불법을 간직하고 있다. 경전에 "법을 보시하는 것이 그 어떤 보시보다도 낫다"고 한 말씀이 있다.[75] 승가의 구성원인 스님들은 당연히 규율에 맞춰 생활하고 깨달음을 위해 끊임없이 노력해야 할 의무를 지닌다. 그렇게 함으로써 승가는 스스로 '무상의 복전'임을 주장할 수 있는 것이며, 만일 이러한 책임을 다 하지 못한다면 그들 스스로는 물론

---

75 《법구경》 354게.

이거니와 그들을 후원하는 재가불자들까지 망치는 꼴이 될 것이다. 지켜야 할 계율을 지키지 못한 비구나 비구니는 스스로 승가를 떠나야 할 것이며, 경우에 따라서는 반드시 떠나야만 한다. 이것은 적어도 부분적으로는 재가신자들이 베푼 시물을 함부로 쓴 행위의 과보로 간주될 수 있다.

앞서 말했듯이 성경에 의하면 주는 것이 받는 것보다 더 복된 일이다. 그런데 보편적인 사랑에 대한 명상인 불교의 자비관 수행metta-bhāvanā이, 기독교의 "네 자신을 사랑하듯 이웃을 사랑하라"고 하는 힘든 계명을 실천에 옮기는 데 실질적인 방법을 제시해 준다는 사실은 흥미롭다. 또한 불교에서는 성경에서 말하는 '주는 것이 더 복된 일'이라는 구절에 대해서도 정확하고 구체적인 의미를 제공할 수 있다. 만약 우리가 무언가 좋은 것을 받는다면 불교에서는 이전에 지은 선업에 따라 과보를 받는 것으로 풀이한다. 그것이 계속되는 동안에는 좋으나 선업이 다하면 공덕도 다하고 만다. 그러나 주는 일은 어디까지나 선한 행위, 즉 선업이며 그것은 베푸는 이에게 가져다 줄 행복한 과보를 만들어낸다. 그런 의미에서 주는 것이 받는 것보다 확실히 복된 일이라고 할 수 있다. 물론 이러한 '복'은 순전히 현세적이며 '세상살이를 위한 복 짓기'로 제한되어 있다.

그러나 우리의 모든 행위는 습관이 되는 것이어서 한번 주고 나면 다시 또 주고 싶은 마음을 일으켜, 주고 싶은 마음이 자꾸 쌓이게 된다. 또한 이러한 선행은 다시 다른 선행을 이끌어 내기 때문에 보시가 십바라밀의 첫 번째로서 지계보다도 앞에 오는 것은 까닭 없는 일이 아니다. 계를 지키지 못하는 사람도 마음이 후할 수 있다.

고故 호너I. B. Horner 여사가 십바라밀을 설명하기 위해 본생담 이야기 열 가지를 발췌하여 엮은 책이 있다.[76] 이 소책자는 기초 빠알리어 교재로도 널리 사용된다. 그는 이 책에서 보시 바라밀을 설명하기 위해 토끼가 자기 몸을 먹이로 내던진 감동적인 이야기를 인용하고 있다.[77] 그

---

76 [역주] 주 11 참조.

77 《본생담》 No 316.

런데 이상하게도 보시를 주제로 하는 이야기 가운데서 서구인들에게 가장 인기 있는 이야기는 본생담의 맨 끝에 나오는 〈웻산따라 자아따까〉[78]로, 거기서 보살은 모든 것을 주어버리고 결국에는 아내와 자녀들까지 내주고 만다. 이 이야기의 윤리성을 의심스럽게 생각할 사람도 있겠지만, 태국에서는 이 이야기를 재가불자들을 교화하기 위해 특별히 읽어 주거나 설법의 주제로 삼는 일이 많다.

보시는 마음에서 우러나오는 것이다. 앞에서 말했듯이 어떤 사람들은 주는 것 그 자체를 즐거움으로 삼는데, 만일 이러한 보시가 지혜와 조화를 이룬다면 훌륭한 일이 될 것이다. 물론 주기는 주되 마지못해 주는 사람들도 있는데, 그런 사람들은 생활 속에서도 '미안합니다', '감사합니다', '죄송합니다' 같은 말들을 하기 힘들어 한다. 그들이 가슴을 활짝 열기 위해 사무량심[79] 가운데 자비관慈悲觀을 수행하면 이로울 것이다.

---

78 같은 책 No 547.
79 [역주] 보리수잎·다섯 《거룩한 마음가짐·사무량심》, 〈고요한소리〉 참조.

최근에 영국에서 우리는 진정으로 가슴에서 우러난 보시의 훌륭한 사례를 보았다. 많은 사람들은 그와 같은 보시를 할 수 있는 마음의 힘이 어디에서 나왔는지 상상하기 어려웠을 것이다. 에티오피아에서 굶어 죽어가는 사람들의 참상에 크게 자극받은 록 스타 밥 겔도프가 엄청난 규모의 국제구호금 모금 생방송 콘서트를 기획, 수백만 파운드의 기금을 모았다. 그의 무대는 현대 전문 기술의 도움을 얻어 음악적으로 수많은 사람들을 감동시켰음은 물론이고 정치와 종교 사이의 벽을 뛰어넘었을 뿐 아니라, 록 음악에 빠진 팬들과 록을 싫어하는 사람들 사이의 깊은 골마저 건너 뛴, 역사상 가장 놀라운 보시 행사였다.

보시의 실천 역시 신중한 태도로 행해져야 하며 다른 일들과 마찬가지로 중도의 원칙을 벗어나서는 안 된다는 점은 새삼 말할 필요조차 없을 것이다. 예를 들어 아이들이 원하거나 또는 원할 것이라고 생각되는 것을 모두 다 주는 일이 아이들을 키우는 최선의 방법이 아닌 것과 같다. 요즘에 꽤나 성행하고 있는 이론과는 반대로, 버릇없는 아이의 기를 가끔 꺾어 놓는 것도 해롭지만은 않다. 마찬가지로 어떤 사람이 무언가 보답을 바라고 행하는 보시 역시 비록 그것이 천상계에 태어나는 소망이라 해도 그것은 결코 최상의 보시라 할 수 없다. 왜냐하면 근본적으로 집착에 뿌리를 내리고 있기에 그가 받는 과보에도 한계가 있을 수밖에 없다.

자발적으로 행하는 보시는 집착을 극복하는 데 도움이 되는 훌륭한 방법이기에 보시자에게 돌아가는 진정한 이득이라 할 수 있다. 그리고 이것이 곧 웻산따라 이야기의 핵심 내용이다. 우리 서구인들은 보살이 희생시킨 아내와 가족의 불행에 생각을 돌리게 된다(비록 흩어진 가족이 다시 모이고 행복하게 끝나긴 했지만). 그러나 이 이야기가 전하고자 하는 것은 아내와 자식들 역시 집착의 대상이며, 따라서 어차피 내려놓아야 한다는 점이다. 이 웻산따라 이야기가 널리 알려져 있기는 하지만 현대 학자들은 이것이 원래 부처님으로부터 나온 이야기가 아니고 불교적 규범을 마련하기 위해 전래 설화를 과장되게 개작한 것으로 추정하고 있다.

우리가 보시에 관해 생각을 기울여 보면 볼수록 보시와 관련된 여러 가지 측면이 나타나고, 보시행을 하는 데여러 가지 슬기로운 방법 혹은 그렇지 못한 방법들이 있음을 알게 된다. 이제 서투른 보시행의 결과에 대해 이야기한 경전의 재미있는 일화를 예로 들면서 끝을 맺을까한다.

〈빠아야아시 경〉[80]은 꾸마아라 깟사빠*Kumāra Kassapa*스님과 내세를 믿지 않는 빠아야아시 왕자와의 대화를 담고 있다. 왕자는 스님으로부터 재미있는 여러 비유담을 듣고서 마침내 자신의 개종을 선언하고 수행자, 바라문, 나그네, 거지 그리고 가난한 사람들에게 자선을 베풀기로결심한다. 그는 젊은 바라문 웃따라*Uttara*로 하여금 보시물들을 나누어 주도록 했다.[81] 그러나 나누어 주는 음식과 옷가지가 너무 형편없어서 왕자 자신은 손도 대지 않을 것들이라고 웃따라가 호소하자 빠아야아시는 마침내

---

80 《장부》 23경 〈폐숙경〉

81 리스 데이비스의 PTS본(Dial.II, 372)에는 "*Tasmim kho pana dāne Uttaro nāma manavo vyāvato ahosi*" 부분이 "웃따라가 분배를 담당했다"가 아닌 "웃따라는 이 큰 보시에서 자기 몫을 받지 못하고 제외되었다"로 되어 있는데 이는 오역이다.

자신이 먹고 입는 음식이나 옷과 같은 수준으로 보시하라고 한다. 경전의 끝에 이 두 사람이 받은 과보가 나오는데, 인색하게 베푼 빠아야아시 왕자는 천상계에 태어나긴 했으나 그 중 가장 낮은 사천왕四天王 세계의 텅 빈 세리이사까 궁에 살게 되었다. 낮은 천상계에 가서 낮잠을 자는 버릇이 있는 아라한인 가왐빠띠*Gavampati* 존자가 어느 날 그곳에 들른 적이 있는데 그 덕분에 이 이야기가 인간계로 전해지게 되었다. 그러나 마음에서 우러나 왕자의 소유물에 준하는 보시물로 다시 꾸리도록 건의한 웃따라는 더 높은 삼십삼천 도리천에 태어났다.

아마 삼십삼천에 태어나겠다는 원력을 세우고 보시행을 할 서구인들은 별로 없을 듯싶다. 대개는 불편한 양심을 달래기 위해 한다는 편이 옳을 것이다. 에티오피아를 위한 자선행사의 경우처럼, 무언가 절실히 필요하다는 것을 알면서도 아무 것도 주지 않는다면 스스로 불편해서 견딜 수 없기에 보시행을 하는 것이다. 이렇게 베푸는 것은 하늘에 나기 위해서 주는 것보다는 분명히 나은 것이지만 그런 식으로 양심을 편안하게 하는 것은 어찌 보면

너무 안이한 태도일 수도 있다. 보시하는 그 자체가 보람
인 것, 그것이 최상의 보시다.

보시는 속마음의 표시다

니나 반 고르콤*

큰 꽃 더미에서 많은 화환 만들어내듯
사람으로 태어났을 때 많은 선행을 해야 되리.

《법구경》53게

　쓸모 있는 물건이나 좋아하는 것들을 남에게 나누어
주는 것은 너그러운 행동이다. 그렇다고는 하지만 우리가
밖으로 드러나는 행위에만 관심을 기울인다면 우리가 정
말로 너그러웠는지 아닌지를 알기 어렵다. 행동을 하도록
만드는 마음이 어떠한지 좀 더 들여다봐야 한다. 진정으

---

*　니나 반 고르콤Nina Van Gorkom: 1928~ . 태국에서 불교를 접한 네덜란
　드 불자로 아비담마를 깊이 연구했으며 저서로는 《일상생활 속에서의
　불교 Buddhism in Daily Life》, 《일상생활 속에서의 아비담마 Abhidhamma
　in Daily Life》 등이 있다.
　[역주] 〈고요한소리〉에서 번역, 출간된 저작으로는 보리수잎·스물셋
　《두려움과 슬픔을 느낄 때》가 있다.

로 너그럽기는 어렵다. 무언가를 베푸는 동안 우리의 생각이 마냥 착하거나 고결하지만은 않을 수도 있다. 베풀고자 하는 동기가 그저 순수하지만은 않을 수도 있다. 어떤 보답을 바라거나, 받는 사람의 호감을 사려고 또는 후덕한 사람이라고 알려지기를 기대하는 이기적인 동기에 의해 베풀 수도 있기 때문이다. 우리는 순간순간 다른 생각이 일어나는 것을 알아차릴지도 모른다. 그 가운데 참으로 너그러울 때가 있는가 하면 다른 속셈이 있을 수도 있다.

부처님께서는 "갖가지 경험을 해 나가는, 변함없이 지속되는 마음이나 영혼이 있는 것은 아니다"라고 가르치셨다. 우리의 경험은 그 자체로 서로 다른 의식의 순간들이며 그 의식들은 한 순간 일어났다가 이내 사라져 버린다. 일어났다가 사라지는 순간순간의 의식은 바로 다음 순간의 의식으로 이어진다. 삶이란 이와 같이 꼬리를 물고 일어나는 순간적인 의식의 연속이다. 수행을 통해서 우리는 차츰 다양한 형태의 의식을 분별할 수 있게 된다. 의식에는 불건전한 또는 미성숙한 의식이 있고, 건전한 또는 성숙한 의식이 있으며, 건전하지도 불건전하지도 않은 작용만 하는 의식이 있다. 한 순간에는 오직 하나의 의식만이 일어나지만 의식 하나 하나에는 몇 가지 정신적 요소들이 따라온다. 불선한, 즉 불건전한 의식은 집착, 인색, 시기, 미움 등의 건전하지 못한 요소들을 수반하며 이와는 반대로 선한, 성숙된 의식은 너그러움, 친절, 연민과 같은 아름다운 정신적 요소들을 수반한다.

특히 건전하지 못한 정신적 요소들 가운데 집착 또는 탐욕[貪], 혐오 또는 성냄[瞋], 무지[癡] 세 가지는 악의 근본[82]이며, 불건전한 의식의 뿌리이다.

이들 불건전한 요소들 하나하나는 그 형태와 정도에 따라 차이가 난다. 우리가 어떤 음식을 탐하거나 다른 사람의 소유물을 갖고 싶어할 때는 마음속에 탐욕이 일어났다는 것을 안다. 그러나 아름다운 경치나 음악을 즐길 때에는 마찬가지로 마음속에 집착이 있다는 것을 깨닫지

---

[82] 냐나뽀니까 스님의 《선과 악의 뿌리들 The Roots of Good and Evil》(Wheel No. 251/253, BPS) 참조.

못한다. 사회생활에서는 남에게 해를 끼치지 않는 한, 어느 정도의 가벼운 집착은 좋은 것으로 간주한다. 그러나 지금 여기서 말하고 있는 '불건전'은 우리가 일상적으로 쓰는 '부도덕'이라는 말보다 훨씬 범위가 넓은 것으로 그것은 흔히 부도덕하다고까지 말하기 어려운 것들도 포함한다.

아름다운 것을 보면서 좋아하는 마음이 일어나지 못하게 할 수는 없다. 거기에는 집착이 생길 만한 조건들이 이미 갖추어져 있기 때문이다. 그러나 우리는 수행을 통해 건전한 순간과 건전하지 못한 순간의 차이를 식별할 수 있게 된다. 사실 아주 미세한 집착에도 이기심은 어느 정도 살아있다. 이것은 자신의 즐거움을 염두에 두지 않을 때 너그러움과 함께 일어나는 사심 없는 의식들과는 다르다. 일어서고, 움직이고, 뭔가에 다가가고, 먹고, 자고 하는 모든 행위를 하면서 우리의 마음속에는 항상 집착이 있다. 자신에게 마음을 쓰고 자신에게 달가운 것을 얻게 되기를 바란다. 그리고 다른 사람들이 우리에게 친절하게 대해 주기를 기대하는데, 그것 또한 집착의 한 형태이다.

때로 우리가 친척들에 대해 가지는 집착이 건전한 것인지 아닌지 의구심을 가질 수 있다. 친척들에 대한 집착은 건전한 것은 아니다. 그것은 건전한 의식인 순수한 자애심과는 다르다. 친척이나 친구들과 함께 지내는 데서 생기는 즐거운 감정에 매달릴 때 우리는 거기에 집착하고 있는 것이다. 진심으로 누군가를 염려해 줄 때 우리는 자신에 대해 생각하지 않게 된다. 그런 때가 바로 건전한 의식이 일어나는 순간이다. 우리는 집착하는 삶에 젖어서 살고 있기에 이기심 없는 사랑의 순간과 집착이 일어나는 순간의 차이에 대해 깊이 생각해 본 적이 없을지도 모른다. 사실 이들 각기 다른 종류의 의식들은 빠르게 서로 연달아 바뀌어 가기 때문에 우리가 그것을 이해하는 능력을 계발하지 못하는 한, 의식이 바뀌는 것을 알아차리지 못한다.

혐오[瞋] 또한 정도에 따라 차이가 매우 심하다. 그것은 가벼운 불쾌감으로 드러날 수도 있고 분노나 증오로 거칠게 나타나기도 한다. 그런데 혐오와 집착은 동시에 일어나지는 않는다. 집착이 있을 때 의식은 그 순간 경험하고 있는 대상을 좋아하고, 혐오감이 있을 때는 그 대상을 싫어하게 된다. 집착이나 혐오감은 각각 그것과 관련된 특정한 형태의 의식과 함께 일어나게 마련이며 아무 의식이나 다 함께 일어나는 것은 아니다.

무지는 불선근不善根의 하나로 모든 형태의 건전하지 못한[不善] 의식과 함께 일어난다. 따라서 모든 악의 근원이라고 하는 것이다. 무지는 무엇이 선하고 선하지 않은지 가려내지 못하는 것이며, 사물의 실상實相이 무엇인지 전혀 알지 못하는 것이다. 집착[貪]이나 성냄[瞋]이 일어난 마음속에는 무지[癡]가 항상 함께 있다.

세 가지 선근善根으로는 탐욕 없음[無欲], 성냄 없음[無恚], 지혜로움[智慧]이 있다. 선한 의식은 그 형태에 따라 무욕과 무에無恚 또는 지혜에 뿌리를 두고 있다.

이와 같은 선근들도 정도에 따라 여러 가지 차이가 있다. 탐욕 없음이나 성냄 없음의 도움을 받지 못하면 선한 의식이 일어날 수 없어 보시행을 하고자 하는 마음이 일어나지 못한다. 집착하는 마음과 베푸는 마음은 공존할 수 없다. 참으로 너그러운 사람이어야 평등하게 베풀 수 있고 너그러운 이는 좋아하는 사람이나 가족에 한해서만 베풀지 않는다. 결국 모든 선량한 행위의 목적은 마음의 때를 닦아내고 이기심을 없애는 데 있어야 한다.

부처님께서는 '나'라는 관념에 매달리는 버릇을 근절할 수 있는 지혜를 가르치셨다. 그러나 우리가 인색함을 버리지 못하고 소유물에 매달리기만 한다면 자아에 대한 집착을 끊을 수 없을 것이다.

진정한 베풂은 자신에게 이롭고 이기심이나 인색함은 해롭다는 것을 알게 되면, 우리는 더욱 더 베풀고 싶어질 것이다. 그러나 우리의 바람과는 달리 불선不善한 의식들이 자주 일어나는 것을 알게 되면 우리는 자신에 대해 실망을 느끼게 된다. 그러므로 불선한 마음을 일으키는 조건이 무엇인지를 바르게 이해해야 한다. 우리는 과거에, 심지어 여러 전생에도 집착과 성냄과 무지로 가득 찬 삶을 살아 왔다. 그러한 성향들이 우리 안에 깊이 뿌리를 내리게 되었다. 과거는 이미 지나갔지만 그렇게 쌓인 해로운 성향들은 현재에도 불선한 의식들을 일어나게 할 수 있다.

그러나 우리가 나쁜 성향만을 쌓아 온 것은 아니다. 건전한 성향들도 함께 축적해 왔다. 지금 우리 마음에 관대함이나 자비심이 일어나는 순간이 있는 것은 그 때문이다. 불선한 의식이 일어날 때는 불선을 더 쌓게 되고, 선한 의식이 일어날 때는 선을 더 쌓게 된다.

부처님께서는 선행을 계발하는 여러 가지 방법을 가르쳐 주셨으니, 우리가 그것을 배워 몸에 익힌다면 더 많은 선행을 쌓을 수 있는 기틀이 마련되는 셈이다. 우리는 베푸는 동안뿐만 아니라, 베풀려고 마음먹은 것을 준비하면서 그리고 베풀고 난 다음 그것을 돌이켜 보면서까지도 선행의 기회를 가지게 된다. 우리가 스스로에게 정직해질 때, 우리는 베푸는 모든 과정에 있어서 자주 불선不善한 의식이 끼어들어 보시의 소중한 기회를 망치는 것을 알아차릴 수 있다. 선물을 사거나 준비하는 동안에도 귀찮아질 수 있다. 그러면 싫은 생각이 일어난다. 또 베푸는 동안에 받는 사람이 고마워하지 않거나 기대한 만큼의 반응을 보이지 않을 수도 있다. 그러면 우리는 실망을 느끼게 된다.

그러나 선행의 본질이 무엇인가를 바르게 아는 정견正見을 가진다면, 우리는 선한 마음 상태[善意]를 계발해 나가는 데에만 관심을 가질 뿐, 다른 사람들의 반응은 염두에 두지 않아야 한다. 선은 바로 선 자체이며, 그 누구도 건전한 의식이 일어나는 것을 바꿀 수는 없다. 우리가 부처님의 가르침을 몰랐을 때는 보시행을 이런 식으로 생각해 보지 못했고 순간순간 일어나는 의식의 내용들에 대해 주의해 보지 않았다. 이제 우리는 부처님의 가르침을 통해 사물을 있는 그대로 보는 법을 배우고 있다. 실제로 보면 선의를 가지고 베풀고 나서도 나중에 그것을 돌이켜 보며 불선한 의식으로 망치는 수가 있다. 처음에 후하게 보시를 베풀고 나서 나중에 그것이 너무 비쌌다고 생각하거나 돈 쓴 것이 아깝다고 후회할 수도 있다.

부처님께서는 연달아 일어나는 여러 형태의 의식에 영향력을 행사하는 어떤 자아自我가 따로 있는 것이 아니라고 가르치셨다. 그 의식들은 일어날 만한 조건들이 마련되었기 때문에 일어난다. 부처님의 가르침을 통해 우리는 의식들이 서로 다른 형태를 지니고 있음을 알게 되고 우리가 쌓아 온 성향들에 대해서도 알 수 있다. 그렇게 해서 무엇이 참모습인지를 보다 잘 이해하게 되며 또한 이러한 바른 이해가 바로 선善이다. 인색한 성향을 축적해 온 사람은 보시행을 하기 어렵다. 그러나 부처님의 가르침을 바로 알게 되면 이런 성벽性癖은 바뀔 수 있다.

〈수다아보자나 자아따까〉[83]의 주석서에서 우리는 부처님 당시에 최대의 보시행을 한 어떤 스님 이야기를 읽을 수 있다. 그는 자신이 탁발한 음식을 남에게 주었고, 두 손에 담길 만큼의 마실 것만 얻어도 아낌없이 베풀었다. 그러나 과거생에 그는 '뾰족한 풀잎 끝에 찍힐 만큼의 기름 한 방울도 줄줄 모르는' 인색한 사람이었다.

어느 전생에 그는 꼬시야*Kosiya*라는 이름의 구두쇠였다. 어느 날 그는 쌀죽이 먹고 싶었다. 그러나 부인이 남편이 먹을 것뿐만 아니라 온 바아라아나시 사람들이 함께 먹을 수 있도록 죽을 준비하겠다고 말하자, 그는 마치 '몽둥이로 머리를 얻어맞은 느낌이었다.' 부인이 먹을 사람의

---

83 《본생담》〈*Sudhābhojana*(신의 음식) *Jātaka*〉No.535.

수를 점점 줄여, 한 골목 가득 찰 만큼의 사람이 먹을 수 있게, 다시 온 식솔들과 함께 먹을 만큼만 그리고 결국에는 둘이만 먹자고 말해 보았으나 꼬시야는 다 거절했다. 그는 아무도 보지 못하게 숲속에서 혼자 죽을 끓여 먹을 속셈이었다.

이때 제석천이었던 보살(깨달음을 얻기 전까지의 부처님을 일컬음·옮긴이)은 그를 개심시키기 위해 바라문으로 가장한 네 명의 수행원을 거느리고 내려오셨다. 한 사람씩 구두쇠 앞으로 다가가 죽을 나누어 달라고 청했다. 나누어 먹기를 거부하는 꼬시야에게 제석천은 보시를 찬양하는 게송을 읊었다.

없으면 없는 대로 있으면 있는 대로
많으면 많은 대로 베풀어 보라.
아무것도 주지 않는 데는
아무 할 말 없구나.
꼬시야, 나 그대에게 이르노니
그대 지닌 것으로 공양 베풀라.
혼자 먹지 말라.

홀로 앉아 먹는 사람
복 받는 법 없으리.
자비로운 보시행으로,
그대 성스러운 길을 따라 오르리라.

꼬시야가 마지못해 다섯 불청객에게 죽을 조금씩 나누어 주고 자리에 앉자마자 그 중 한 바라문이 개로 변하더니 그들 앞에서 오줌을 누었다. 꼬시야가 손등에 묻은 오줌을 닦으러 강으로 내려간 사이에 그 개는 다시 아직도 많이 남아 있는 죽 그릇을 오줌으로 채워 버렸다. 화가 난 꼬시야가 막대기를 들어 때리려 들자 개는 다시 커다란 말로 변하여 그를 뒤쫓았다. 제석천은 수행원들과 함께 공중에 떠올라 선 채로 꼬시야에게 법문을 하고 불행한 내세를 경고했다. 인색함이 얼마나 위험한 것인지 이해하게 된 그는 전 재산을 나누어 주고 출가 수행자가 되었다.

우리가 소유한 재산을 내놓기는 실로 어려운 일이다. 그러나 목숨이 다해 세상을 떠날 때 가져갈 수도 없는 것이 재산이다. 인생은 짧다. 그 짧은 한 평생, 기회 있을 때

마다 너그럽게 베푸는 일로 이기심을 물리치도록 해야 한다. 지금 보시하는 마음 그 하나하나가 미래에 또 다른 보시행을 일으키는 데 영향을 준다.

선행은 좋은 결과를 낳고 악행은 달갑지 않은 결과를 낳는다. 이것이 업의 법칙, 즉 인과법이다.[84] 한 생에서의 행위[kamma 業]는 다시 태어나는 형태로 그 결과를 낳을 수도 있다. 선행은 복된 내세를 만들고 악행은 불행한 내세를 불러온다. 인간계 외에도 다른 세계들이 있어 행복을 누리는가 하면 불행을 겪기도 한다. 인간계나 천상계에 태어나는 것은 선업으로 인해 좋게 다시 태어난 경우이다. 그리고 지옥에 나거나 아귀, 축생으로 태어나는 것은 악업으로 인해 나쁘게 태어난 것이다. 업은 우리가 살아가면서 즐겁거나 불쾌한 감각을 경험하는 형태의 결과를 낳을 수도 있다. 보거나 듣는 것은 결국 의식의 형태인데 이것들은 업의 결과이다. 우리는 즐겁거나 불쾌한 대상들을 보거나 듣는데, 이때 즐겁다거나 불쾌하다는 경험

---

[84] 《업과 과보 *Kamma and Its Fruit*》 Wheel No 221/224 참조.

은 업의 결과에 따라 생겨난 것이다.

　인색함은 금생이나 내생에 우리가 두려워하는 결과인 재물의 손실을 가져온다. 베푸는 행위는 재물이 늘어나는 것과 같은 행복한 결과를 불러온다. 그렇다고 보시행을 하면서 좋은 결과를 기대해서는 안 된다. 그것 또한 집착이며, 집착은 불선하기 때문이다. 결과에 관심을 두거나 두지 않거나, 행위는 거기에 상응하는 결과를 초래한다. 보시행을 하는 동안 우리는 집착하는 마음 없이도 행위와 그 결과에 대해 올바르게 이해할 수 있다. 선善이 무엇인지를 바르게 이해하면서 선행을 할 수 있게 된다. 이미 말했듯이 지혜는 선근善根으로서 그것은 건전한 의식과 함께 일어날 수도 있고 그렇지 않을 수도 있는데, 지혜가 건전한 의식과 함께 일어날 때는 선행의 질이 높아진다. 그러나 우리 마음대로 지혜를 일으킬 수는 없다. 그것은 그럴 만한 조건들이 갖추어졌을 때 일어나는 것이기 때문이다. 부처님의 가르침을 배우고 닦는 것은 더 폭 넓은 이해의 바탕이 된다.

설사 우리가 남에게 베풀 만한 것을 가지고 있지 못할 때라도 보시의 방법은 여러 가지가 있을 수 있다. 주위 사람들이 행하는 선행을 이해하고 찬탄하는 것도 일종의 보시행이다. 사람은 누군가 좋은 일을 하는 것을 볼 때 그 행위의 진가를 인정하고 지지와 찬사를 보낼 수 있다. 그런데도 우리는 소유물을 가지고 인색하게 굴듯이 남을 칭찬하는 일에도 인색하기가 쉽다. 우리는 차츰 다른 이들의 선행을 제대로 평가해 주는 면에서도 너그러워지는 법을 터득하게 될 것이다.

태국에서 나는 전에는 들어본 적이 없던 바로 그와 같은 보시행을 알게 되었다. 나는 태국의 시리낏*Sirikit* 왕비의 생일을 기념해 발간한 책 한 권을 받게 되었다. 그 책은 불교를 육성하고 사원을 후원하는 한편 갖가지 개발 사업을 기획하여 지방 사람들의 생활수준을 높인 왕비의 공적을 여러모로 기리고 있었다. 누구라도 그것을 읽으면 진심으로 왕비의 공적을 찬탄하고 기뻐하게 되어 있다.

또 태국에서는 사람들이 합장한 채 머리를 숙이며 '아누모다나*anumodana*'라고 말하는 것을 자주 들을 수 있었다. '아누모다나'는 고맙다는 말로 다른 사람들의 선행을 존중하고 인정할 때, 흔히 스님들께 공양을 올리는 것이나 부처님의 가르침을 담은 책을 보시하는 것을 볼 때 하는 말이다. 그런 경우에 그 선행을 높게 평가한다는 뜻을 표현하는 것은 좋은 풍습이라 할 수 있다.

이런 식의 보시도 있다는 것을 알게 되면 우리가 다른 사람들에 관해 말할 때 선한 마음으로 해야겠다는 생각이 들 것이다.

선근을 기르는 데는 긴 안목이 필요하다. 선행이건 악행이건 지금 하는 모든 행위들이 쌓여서 미래에 또는 내생에 반드시 영향을 끼치게 된다는 사실을 확실히 깨달아야 한다. 이런 이해를 바탕으로 할 때 우리는 자신이 처한 주변 환경이나 친구들을 더 정확하게 평가하게 되고, 그런 환경이나 친구들이 선근을 키우는 데 도움이 되는지 아닌지를 판단할 수 있게 될 것이다. 또한 삼가야 할 말이 무엇이고 함께 나누기를 권장해야 할 말이 무엇인지를 분명하게 알게 된다. 흔히 사람들이 나누는 대화는 남의 허물이나 들추고 쓸데없는 잡담이나 늘어놓기가 일쑤

여서 선근을 키우는 데 도움이 되지 못한다. 사람은 항상 남들과 대화를 나누게 되어 있는 만큼 남들과의 대화를 어떻게 하면 선행을 위한 기회로 만들 수 있을지 생각해 봐야 할 것이다.

보시행을 실천에 옮길 수 있는 또 하나의 방법은 자신의 선행을 남과 더불어 나누는 것이다. 이것은 자신이 지은 선행의 좋은 과보를 다른 사람들이 받을 수 있다는 뜻은 아니다. 중생들은 자신이 지은 행위의 '상속자'라고 부처님께서는 가르치셨다. 우리는 저마다 제가 지은 행위의 과보를 받을 뿐이다. 다만 선행을 누군가와 함께 나눈다는 의미는 그들이 우리의 선행을 보고 기뻐할 때 우리의 선행이 그들 마음속에 선한 의식을 일으키는 조건이 될 수 있음을 뜻한다. 우리는 심지어 다른 계에 살고 있는 존재들과도 우리의 선행을 나눌 수 있다. 만일 그들이 이러한 덕을 받을 수 있는 곳에 있다면.

〈담 바깥 경〉의 주석서[85]는 다음과 같은 이야기를 전하고 있다. 한번은 빔비사아라 왕이 부처님께 공양을 올리고 그 공덕을 다른 중생들에게 회향하는 것을 깜빡 잊었다. 회향을 고대했다가 수포로 돌아간 전생의 친척 고혼孤魂들은 몹시 낙담한 나머지 밤새도록 끔찍한 비명소리를 질렀다. 이와 같은 상황이 일어난 까닭을 알려 주시는 부처님의 말씀을 듣고 빔비사아라 왕은 공양을 새로 올리고 나서 "이 공양 공덕이 친척들에게 돌아가길 바랍니다."라고 회향했다. 고혼들은 즉시 그의 보시 덕에 선의를 품게 되었고, 그들이 겪는 고통도 경감되었다. 연꽃으로 덮인 연못들이 그들을 위해 생겨났으며, 그 물을 마시고 그 물로 몸을 씻자 금빛으로 빛나게 되었다. 천상에는 곧바로 그들을 위한 음식, 옷가지, 집들이 생겨났다. 이 이야기는 자신의 선행을 이미 고혼이 된 이들과 나눌 수 있음을 설명하고 있다. 만일 돌아가신 친척들이 그 공덕을 받을 수 없다면 다른 중생들이라도 받게 될 것이다.

사랑하는 사람들을 잃을 때 슬퍼하는 것은 당연한 일

---

85 《소송경khuddakapāta》의 주석서인 《*The Illustrator of Ultimate Meaning (Paramatthajotikā)*》(PTS: London, 1960)에서 발췌.

이지만 어떻게 선근을 계발할 수 있는지를 안다면 우리는 큰 위안을 얻을 수 있을 것이다. 슬픔과 미움으로 가슴을 채우기보다는 우리의 선행을 함께 기뻐할 수 있는 모든 이들에게 선행의 공덕을 돌리도록 해야 한다. 그러면 우리의 의식이 건전하게 될 것이다. 다른 사람들과 선행을 나누는 것이 습관이 되면, 누구에게 회향할 것인가를 정할 필요도 없다.

불교에는 음식물이나 승복을 공양하고 나서 스님들이 축원 염불을 하는 동안 시주들은 그 공덕을 남들과 함께 한다는 뜻을 나타내기 위해 손에 물을 따르는 관행이 있다. 이 물은 바다를 채우는 강의 상징으로 선행의 공덕 또한 남들과 나눌 수 있을 만큼 크고 많다는 것을 의미한다.

선행은 보시, 지계, 수행 세 부분으로 분류된다. 그러나 이 세 가지가 엄밀하게 구분될 수 있는 것은 아니다. 지계, 다시 말해 모든 악행을 삼가는 것은 일종의 보시라고 할 수 있는데 이는 타인에게 친절을 베푸는 것이기 때문이다. 우리가 악행을 삼갈 때 결국 우리는 남들이 안전하고 평화롭게 살 수 있는 기회를 베푸는 것이다. 만일 우리가 너그러움을 키우고 싶다면 선한 마음을 계발하는 정신적 수행을 게을리 해서는 안 된다. 너그러움이나 그 밖의 유익한 자질을 계발하기 위해서 우리는 어느 때 건전한 의식이 일어나며 어느 때 건전하지 못한 의식이 일어나는지를 알아야 한다. 갖가지로 나타나는 의식에 대해 좀 더 잘 알게 되는 것이 곧 정신적 향상을 도모하는 수행이다.

수다원[預流]은 깨달음의 첫 단계에 들어선 성자이다. 그는 지금 일어나고 있는 각기 다른 정신적 육체적 현상을 바르게 이해하는 정견을 계발해 실체를 있는 그대로 보는 사람이다. 깨달음을 얻으면 그는 처음으로 조건에 매이지 않은 실체의 세계인, 무위無爲 열반을 경험한다. 깨달음의 순간에 자아에 대한 그릇된 견해가 뽑혀 나가고 그와 함께 인색함 또한 사라진다. 다시는 인색한 마음이 일어날 수 없으며, 그는 베풂의 완성, 보시 바라밀을 성취한다. 보통 사람들은 무언가를 베푸는 동안에는 일시적으로 인색함을 억제할 수 있지만, 예전부터 쌓아 온 성벽性癖이 남아 있는 한 인색함은 언제라도 다시 나타나게 된다. 그러나 바른 견해, 정견을 확립하는 것을 통해 예류과를 이룬 성자는 인색함을 일으킬 성향을 완전히 소멸하였으므로 다시는 인색한 마음에 지배받지 않게 된다.

부처님의 가르침을 통하여 어떻게 선행을 증진시키고 번뇌를 제거할 것인지를 배우는 것은 가장 큰 축복이다. 그러므로 부처님의 가르침인 불법을 전하는 것은 최상의 선물로 간주되어야 한다. 부처님의 가르침을 익히고 선행을 계발하는 가운데 우리는 무엇이 추구할 만한 가치가 있고 무엇이 그렇지 못하며, 어떤 것이 실체이고 어떤 것이 환영에 불과한가에 대한 우리의 견해를 바로잡게 된다. 우리가 부처님의 가르침에 대해서 들어보기 전에는 즐거운 감각 대상을 만끽하는 것을 삶의 목표로 생각했을지도 모른다. 그러나 이제 부처님의 가르침을 알게 되면서 이기적 집착은 정신적인 불안을 불러오고, 그것은 곧 우리 자신과 남들 모두에게 해독을 끼친다는 사실을 점차 깨닫게 될 것이다. 동시에 선행은 자신과 남들에게 모두 유익하며 마음의 평화를 가져온다는 것도 깨닫게 될 것이다.

인생에서 무엇이 값진 것인가에 대한 견해는 바뀔 수 있다. 무엇이 선업이고 무엇이 악업인지 그리고 업은 반드시 상응하는 과보를 초래한다는 점을 이해하게 될 때 우리는 실체에 대한 견해를 바로잡게 된다.

또 우리에게 행위를 하게 하는 것은 자아가 아니라 선하거나 선하지 못한 갖가지 서로 다른 의식들이라는 점 그리고 이 의식들은 갖가지 조건 지어지는 요소들에 의해 생겨난다는 점을 이해하게 될 때 우리는 견해를 바로잡게 된다. 견해를 수정하는 데는 다양한 단계가 있다. 사물의 실상實相에 대한 이해를 계발하면, 자아에 대한 그릇된 견해가 뿌리 뽑힌다. 그렇게 되면 완전한 너그러움이 솟아날 수 있다. 부처님의 가르침을 공부하는 사람이라면 이기심은 점점 없어지고 베푸는 마음은 더욱 커져야 하며 다른 사람들에 대해 순수하게 배려하는 마음도 더욱 확대되어야 한다.

보살의 보시행[86]
- 보시의 완성 -

아아짜리야 담마빠알라 지음

비구 보디 영역

보시 바라밀은 여러 가지 방법으로 중생을 이롭게 하는 것으로 실천할 수 있다. 자신의 행복, 소유물, 몸 그리고 목숨까지도 내어주는 것으로, 두려움을 제거해 주는 것으로 또는 법Dhamma을 가르치는 등의 방법들이 있다.

베푸는 내용에 따라 보시는 세 가지로 나뉠 수 있다. 물질적인 보시[財施], 두려움을 없애주는 보시[無畏施] 그리고 법을 베푸는 보시[法施]가 그것이다. 시물施物은 또 외

---

86 《소행장Cariyāpiṭaka》의 주석서를 영역英譯한 비구 보디의 《The Discourse on the All-Embracing Net of Views: The Brahmajāla Sutta and Its Commentaries》(BPS, 1978) 289~296, 322~323쪽에서.
[역주] 이 책의 11쪽 참조.

적인 시물과 내적인 시물 두 가지로 나누어진다. 외적 시물에는 음식, 마실 것, 의복, 탈 것, 화환, 향, 연고, 침구, 거주처, 등불의 열 가지가 있다. 이러한 시물들은 다시 그 내용과 성분에 따라 여러 가지로 분류된다. 음식에 단단한 것과 부드러운 것 등이 있는 것과 같다.

외적 시물을 눈, 귀, 코, 혀, 몸, 마음의 감각 대상별로 분류하면 형태, 소리, 냄새, 맛, 감촉 그리고 정신적인 것의 여섯 가지가 될 수 있다. 어떤 한 감각의 대상들도 다시 세분될 수 있다. 예를 들어 시각 대상인 형태에도 빨강, 파랑, 노랑 등 여러 가지 다른 색깔이 있기 때문이다. 마찬가지로 외적 시물을 귀중품, 동산, 부동산 식으로 나누면 보석, 금, 은, 진주, 산호 등이 있고 전답, 대지, 정원 등이 있으며 일꾼, 소, 물소 등 여러 가지가 있다.

보살이 외적 시물을 베풀 때는 필요한 것이면 무엇이거나 그리고 필요한 사람이면 누구에게나 가리지 않고 베푼다. 또한 구하지 않아도 무엇이 필요한지 알아서 베푸니 청해 올 때는 더 말할 나위도 없다. 베풀 만한 것이 있을 때 그는 넉넉하게 베풀지 모자라게 베풀지 않는다. 그는 보답을 바라고 베풀지 않는다. 그리고 모두에게 충분히 돌아갈 만큼 넉넉하게 베풀며, 그렇게 하지 못할 때는 무엇이건 나눌 수 있는 대로 고르게 나눈다. 그러나 그는 무기, 독약 그리고 술, 마약처럼 취하게 하는 것 등 다른 사람을 불행에 빠뜨릴 것은 주지 않는다. 사람을 게으르게 만드는 해로운 재밋거리 같은 것도 주지 않는다. 아픈 사람에게는 본인이 달라고 해도 적당하지 않은 음식이나 음료는 주지 않으며, 무엇이건 적당한 한계를 넘어 지나치게 주지 않는다.

그는 또한 청하는 사람이 재가자이면 재가자에게 합당한 것을 주며 스님에게는 스님에게 유용한 것을 베푼다. 그는 누구에게도 폐를 끼치는 법이 없이 부모, 일가, 친척, 친지, 친구와 동료, 자녀, 아내, 하인, 일꾼들에게 베푼다. 훌륭한 물건을 주기로 약속하고 보잘것없는 것을 베풀거나 하지 않는다. 그는 이득이나 체면이나 명예를 원해서, 혹은 어떤 보답을 기대하여 베풀지 않는다. 그가 바라는 과보가 있다면 오직 최상의 깨달음 한 가지일 뿐이다. 그 물건이 싫어져서 또는 요구하는 사람이 귀찮아서 베풀지

는 않는다. 설령 자기를 헐뜯고 욕하는 버릇없는 거지에게
라도 버릴 것을 주지 않는다. 그 어느 때든지 항상 정성스
럽게 평온한 마음으로 자비심에 넘쳐 베푼다. 미신적인 예
언을 믿기 때문에 베푸는 것이 아니고 인과의 법칙을 믿
기에 베푼다.

베풀면서도 받는 사람에게 인사를 차리게 하지 않으며
다른 사람들을 전혀 성가시게 하지 않고 그저 베풀 뿐이
다. 다른 사람들을 속이거나 해치려는 의도를 가지고 베
푸는 것이 아니며 오로지 때 묻지 않은 마음으로 베푼다.
거친 말을 하거나 찡그린 얼굴로 베풀지 않으며 정다운 말
과 따뜻한 어조로 미소 지으며 베푼다.

보살은 어떤 물건이 비싸거나 아름다워서, 혹은 값진
골동품이거나 사사로이 아끼던 물건이어서 그것에 대한
자신의 욕심이 지나치다 싶으면 바로 알아차린다. 그리고
욕심을 떨쳐 버린 다음 마땅한 사람을 찾아내 주어 버린
다. 그다지 훌륭하지 않더라도 남에게 줄만 하고 누군가
그것을 바라고 있으면, 그는 두 번 다시 생각할 것 없이 받

는 사람이 마치 숨은 성자라도 되는 양 공경하며 서둘러 내준다. 그러나 보살은 누군가가 자기 자녀나, 아내, 일꾼 이나 하인들을 보내달라고 요구할 때, 그들이 가고 싶어 하지 않거나 슬퍼하고 괴로워하면 보내지 않는다. 다만 그 들이 기꺼이 가고 싶어 할 때는 보내준다. 그런데 요구하 는 자들이 도깨비나 귀신, 악귀들이거나 또는 성격이 잔 인한 사람이라는 것을 알면, 그들을 보내지 않는다. 마찬 가지로 그는 사람들을 해치고 괴롭히고 불행하게 만들려 고 하는 자에게는 나라를 넘겨주지 않겠지만 정법正法으 로 세상을 보호할 의로운 사람에게라면 기꺼이 내어준다.

이것이 첫 번째, 외적 시물을 베푸는 방법이다.

다음 내적 보시는 두 가지로 이해되어야 한다. 무엇이 그 두 가지인가?

어떤 사람이 먹을 것과 입을 것을 위해 남의 밑에 들어 가 고용인이 되거나 종살이를 하듯이, 그와 마찬가지로 보 살은 모든 중생들의 최상의 번영과 행복을 위해서 그리고 깨달음을 위해 보시 바라밀을 성취하겠다는 마음으로 남 에게 자신을 넘겨주고 자신을 마음대로 쓸 수 있게 내맡겨 중생들을 섬긴다. 그는 두려움에 떨거나 위축됨이 없이 자신의 손, 발, 눈 등 신체의 부분 또는 기관을 필요로 하는 사람에게 베푼다. 자기 신체에 집착함이 없이 마치 외부의 물건인 양 그것들을 베푸는 일에 망설임이 없다.

그리하여 보살은 두 가지 동기로 내적 시물을 베푼다. 하나는 남들이 원하는 바에 따라 그것을 즐길 수 있게 해주기 위해서 또 하나는 사람들의 욕구를 만족시킴과 동시에 스스로를 다스리기 위해서다. 이 점에 있어서 그는 완전하게 베풀면서 "무집착을 통해 깨달음을 성취하리라."고 생각한다. 내적 보시는 이와 같이 이해되어야 한다.

보살은 내적 시물을 베풀 때 오직 받는 이에게 이로울 것만을 베풀 뿐, 그 밖에 다른 것은 주지 않는다. 그는 자신의 몸이나 몸의 일부 또는 기관들을 요구하는 자가 마아라*Māra*나 그의 사악한 권속들임을 알면 '나의 보시행으로 그들이 악행을 더 하게 만들어 그들을 해롭게 해서는 안 된다.' 하고 생각하여 그것을 주지 않는다. 마찬가지로 마아라나 그의 권속들에게 홀린 사람들이나 미친 사람에게도 보시행을 하지 않는다. 그러나 다른 사람들이 그것들을 요구하면 즉시 베푼다. 이런 요구는 극히 드물 뿐더러 그런 보시를 하는 것은 어려운 일이기 때문이다.

두려움을 없애 주는 보시[無畏施]는 중생들이 포악한 왕이나 도둑들, 불, 물, 적敵, 사자, 호랑이, 기타 야생동물들, 용, 도깨비, 귀신, 악귀들의 위협을 두려워 할 때 그들을 보호해 주는 것이다.

불법을 베푸는 법보시는 부처님의 가르침을 청정한 마음으로 삿되지 않게 설명해 주는 행동을 말한다. 즉 금생에도 이롭고 내생에도 이로우며 마침내는 궁극의 해탈로까지 이끌어 줄 체계적인 지침을 가르쳐 주는 선행이다. 그와 같은 가르침에 의해 아직 불교에 입문하지 않았던 사람들은 불문에 들어오게 되고, 이미 들어온 사람들의 수행은 더욱 성숙해질 것이다.

불법을 베푸는 법보시의 방법은 아래와 같다.
간략하게 말하면, 보시와 지계持戒에 관해서, 천상계天上界에 관해서, 감각적 쾌락에 가려 있는 괴로움과 더러움에 대해서 그리고 그 쾌락들을 버리는 데서 오는 유익함에 대해서 설명해 준다. 좀 더 자세하게 말하면, 부처님의 제자로서 깨달음[聲聞覺]을 향해 수행하는 사람들에게 그들의 정진에 더욱 전념하고 청정을 이룩할 수 있도록, 다음의 주제들 가운데서 각자에게 적절한 것을 택하여 그 주제의 고결한 특성을 상세하게 설명해 주는 것이다.

그 주제들은 삼보에 귀의, 지계持戒, 감관의 단속, 음식의 절제, 수면 조복, 칠선법七善法[87], 적정寂靜 명상의 서른여덟 가지 주제 가운데 하나를 선택하여 사마타samatha 寂止 수행에 매진, 신체를 비롯한 일체의 경험 대상들을 관觀하는 수행, 청정에 이르는 여러 과정, 정도正道의 이해, 삼명지三明智, 육신통六神通, 사무애해四無碍解, 성문각聲聞覺 등이다.

또한 보살은 벽지불이나 정등각불正等覺佛, 깨달음을 발원한 사람들에게 각각 그들이 추구하는 깨달음을 얻을

---

87 [역주] 칠선법七善法: 신信 saddha, 참慙 hiri, 괴愧 ottappa, 다문多聞 bahussuta, 근정진勤精進 āraddhaviriya, 염현전念現前 upaṭṭhitassati, 혜慧 paññā

수 있도록 이 부처님들의 신통력이 얼마나 수승한가를 설해 주고, 십바라밀을 세 단계로 나누어 그 각각의 단계가 가지는 고유한 성질과 특징, 기능 등을 상세히 설명함으로써 그들이 향하고 있는 벽지불이나 정등각불의 길에 더욱 매진하여 청정해질 수 있도록 가르쳐 준다. 보살은 이렇게 중생들에게 법보시를 행한다.

보살이 물질을 베푸는 방법은 다음과 같다. 음식을 줄 때는 '이 보시로 중생들의 수명이 길어지고 아름다움과 행복, 건강, 지혜 그리고 순결무구한 지복인 최상의 과보를 성취하게 되기를 바랍니다.' 하며 베풀고, 음료는 감관에서 일어나는 갈애가 없어지길 바라면서 베풀고, 의복은 염치와 양심을 갖추게 되고 부처님처럼 훌륭한 용모를 지니게 되길 바라면서 베푼다. 또 탈것은 신통력과 열반의 지복至福이 성취되길 바라면서, 향은 덕행의 아름다운 향기가 나길 바라면서, 화환과 연고는 부처님이 갖추신 공덕과 같은 아름다움이 생겨나길 바라면서, 좌구는 깨달음의 도량道場에 자리가 마련되길 바라면서, 침구는 여래가 누리는 휴식이 얻어지길 바라면서, 집은 중생들의 안

식처가 되어 주길 바라면서, 등불은 다섯 눈[五眼][88]이 얻어지길 바라면서 베푼다.

보살은 눈에 보이는 것[色]을 베풀면서 부처님 몸에서 나는 상서로운 빛을 얻기를 염원하며, 소리[聲]를 베풀면서는 부처님의 범음梵音을, 맛[味]을 베풀면서는 모든 세상 사람들이 좋아하는 사람이 되기를, 감촉되는 것[觸]을 베풀면서는 부처님과 같은 고상한 기품을 얻게 되기를 각각 염원한다.

보살이 약藥을 주는 것은 훗날 불과佛果를 이루어 중생들에게 생사生死가 없는 열반의 경지를 베풀고자 함이며, 종들에게 자유를 주는 것은 훗날 번뇌의 노예 상태로부터 중생들을 구하고자 함이며, 허물되지 않을 놀잇거리나 재밋거리를 주는 것은 중생들로 하여금 정법 가운데 환희심을 내게 하고자 함이다. 그는 또한 훗날 모든 중생

---

88 다섯 눈[五眼]: 1. 육안肉眼 *maṁsacakkhu* 2. 천안天眼 *dibbacakkhu*으로는 존재들이 업에 따라 한 생에서 다른 생으로 재생하는 것을 본다. 3. 혜안慧眼 *paññācakkhu*으로는 제법의 특수하고 보편적인 성질들을 본다. 4. 불안佛眼 *buddhacakkhu*으로는 존재들의 성벽과 기질을 본다. 5. 보안 普眼, 一切眼 *samantacakkhu*은 전능한 지혜의 눈이다.

들을 고결한 혈통을 이어 받은 자기 자손으로 받아들이기 위해 자녀들을, 온 세상의 주인(남편)이 되기 위해 아내들을, 32상相과 80종호種好[89]를 갖추기 위해 귀한 금, 은, 보석과 온갖 장신구를 내어 준다. 정법이라는 보배를 얻기 위해 금고를 열어젖히고, 법왕이 되기 위해 나라를 내준다. 선정禪定 등을 이루기 위해 사원, 정원, 샘, 동산 등을, 발에 상서로운 법륜상法輪相을 갖추기 위해 자신의 발을, 정법의 손길을 뻗쳐 네 폭류[90]로부터 중생들을 건지고자 손을, 신근信根, 정진근精進根 등의 정신력을 이루기 위해 귀, 코 등을, 세상을 두루 살피는 일체안一切眼을 위해 눈을 베푼다. 또한 보살은 '이 몸이 온 세상의 생명을

---

89 32상相과 80종호種好: 위인에게 갖추어진 신체적 특징을 말한다.
[역주] 전승에 따르면 석존이 태어났을 때 아시타 선인이 와서 석존의 몸에 32상이 구족되어 있는 것을 보고 만일 석존이 세속에 머문다면 완전한 통치자(전륜성왕)가 될 것이고, 출가한다면 진리를 성취한 부처님이 될 것이라고 예언하였다. 80종호는 범인들과는 다른 부처님 몸의 수승한 특징 80가지.

90 네 폭류ogha: 欲流kāma-ogha, 有流bhava-ogha, 見流diṭṭhi-ogha, 無明流avijjā-ogha.
[역주] 중생들을 윤회의 바다로 '휩쓸어가 버리는 거칠고 빠른 흐름'이라는 뜻. ① 감각적 욕망의 폭류kāmogha ② 존재의 폭류bhavogha ③ 견해의 폭류diṭṭhogha ④ 무명의 폭류avijjogha
법륜·열아홉《마아라의 편지》, 〈고요한소리〉 주40 참조.

살리는 수단이 되기를 바랍니다. 이 보시 공덕으로 인해 단지 내 모습을 보거나, 듣거나, 생각하거나, 따르는 것만으로도 일체 중생들이 늘 번영과 행복을 누리게 하소서.' 하는 발원과 함께 자신의 살과 피를 베풀며, 온 세상의 으뜸, 무상존無上尊 *anuttara*이 되고자 머리를 베푼다.

보살은 이와 같이 보시한다. 마지못해서 또는 다른 사람들을 괴롭히거나 두려움 때문에 혹은 양심의 가책 때문에 또는 없는 사람들의 비난 때문에 베푸는 것이 아니다. 또한 좋은 것을 가지고 있으면서 보잘것없는 것을 베풀지 않으며, 자신을 추켜세우고 남을 헐뜯으며 베풀지 않으며, 결과를 바라고 주지 않으며, 요구하는 사람을 꺼리는 마음으로 또는 배려 없이 베풀지 않는다.

오히려 그는 정성을 다해, 손수, 적절한 시기에, 분별 있게, 공평하게 그리고 내내 기쁨에 넘쳐 베푼다. 그는 주기 전에, 주는 동안에 그리고 주고 난 다음에도 기쁨에 차 있으며, 주고 나서 후회하는 일이 없다. 그는 받는 사람에게 오만하게 굴거나 아첨하지 않고 따뜻하게 대해 줄 뿐이다. 후하고 넉넉하게 덤까지 곁들여서 베푼다. 음식을 베풀 때는 '여기에 무언가 더 보태주자'는 생각에 옷가지 등을 곁들이며, 의복을 보시하면서도 음식 등을 함께 베푼다. 탈것이나 그 밖의 것을 보시할 때도 마찬가지다. 감각의 대상이 되는 어떤 것을 보시할 때, 예를 들어 눈에 보이는 형상이 있는 것을 베풀 때는 좋은 소리, 향기, 맛 등이 곁들여지게 한다.

눈에 보이는 형상이 있는 것을 보시한다는 것은 이렇게 이해해야 한다. 꽃이나 의복 또는 청·황·홍·백색의 사리舍利 같은 것이 생기면, 형상의 관점에서 그것을 바라보아 형상이 있는 물건을 보시한다는 생각으로, 이러한 근거에서 적당한 수혜자에게 베푼다.

소리 보시는 이를테면 북소리 따위의 보시를 의미한다. 사실 연꽃 다발을 따로따로 뿌리에서 떼어내어 받는 사람의 손에 올려놓듯이 소리만을 분리하여 준다는 것은 불가능하다. 그러므로 소리를 보시한다는 것은 소리의 근본, 즉 악기 같은 것을 주는 것이 된다. 따라서 삼보三寶 전에 크고 작은 북 등의 악기를 기증하거나 또는 설법하는 스님에게 기름이나 당밀 등 목소리를 도울 만한 약을 보시하는 것, 법회가 있음을 널리 알리는 것, 경전을 독송하는 것, 설법하는 것, 불법에 관한 토론을 갖는 것 또는 다른 사람의 선행을 소리 내어 찬탄하는 것 등이 곧 소리 보시이다.

향기의 보시는 향기로운 뿌리 또는 가루향 등을 마련하여 그 향기로움을 생각하면서 향기를 보시한다는 생각으로 삼보 전에 올린다. 또는 향 보시를 하려는 의도로 침향沈香이나 전단栴檀 등을 베푼다.

맛의 보시는 잘 조리한 뿌리 등 맛있는 것을 마련하여, 맛의 관점에서 그것을 바라보고, 맛을 보시한다는 생각으로 적절한 사람에게 베푼다. 또는 곡식, 우유, 버터 같은 맛좋은 것을 내준다.

감촉으로 알 수 있는 것을 보시한다는 것은 침구, 좌구, 덮개 등을 베푸는 것이다. 침대, 의자, 방석, 베개, 내의 또는 겉옷 등 깨끗하고 부드럽고 기분 좋은 것을 마련하여 그 감촉되어지는 특성을 생각하며 감촉으로 알 수 있는 것을 보시한다는 생각으로 적절한 사람에게 베푼다.

마음으로 알아지는 것을 보시한다는 것은[91] 영양소, 음료, 생명을 보시한다는 뜻이다. 이러한 것들이 여기서 말하고자 하는 마음으로 알아지는 대상물의 바탕이기 때문이다. 영양소와 같은 좋은 물건이 마련되면 정신 작용의 바탕으로 여기고, 비감각적인 것을 보시한다는 생각으로, 정제버터나 버터 등의 영양물 또는 망고즙과 같은 여덟 가지 음료를 베푼다. 또는 생명의 보시라 생각하여 식권 공양이나 보름마다 공양[92]을 베푼다. 그 밖에도 병으로 고통 받는 사람을 치료하도록 의사를 주선해 주고, 덫이나 그물에서 짐승을 풀어주며, 그물이나 새장을 부수어 없애고, 옥에 갇힌 사람을 풀어주거나, 짐승을 죽이지 않도

---

91 여기서는 법法을 말하는데 법은 본문 내용에서 보는 바대로, 부처님의 가르침이 아니라 생명*jiva*이나 생명을 유지시키는 자양분으로 색·성·향·미·촉·법의 마지막 법을 뜻한다.

92 [역주] *salakabhattabojana*: 식권, 살라까*salaka*는 대나무 조각 등으로 만든 일종의 전표 혹은 초대장이라고 할 수 있다. 밧따보자나 *bhattabojana*는 보름마다 한 번씩 올리는 공양을 뜻한다.

록 권하며, 그 밖에 중생의 생명을 보호하는 일이면 무엇이나 실천한다.

보살은 이렇게 보시하여 성취한 모든 공덕을 온 세상 사람들의 유익함과 행복을 위해 그리고 무상無上의 깨달음으로 자신이 얻게 될 부동의 해탈을 위해 회향한다. 모든 공덕을, 선행을 쌓으려는 끝없는 의욕과 다함없는 선정, 지혜, 지식, 해탈로 회향한다. 이와 같은 완전한 보시행을 할 때 보살은 생명과 소유물을 무상하다고 보아야한다. 생명이나 소유물을 많은 사람들과 함께 나누어야할 것으로 보아야 하며, 끊임없이 일체 중생들을 향해 큰 자비심을 일으켜야 한다. 마치 집에 불이 났을 때 주인이자기 몸과 귀중한 물건들을 밖으로 옮겨 집안에 중요한 것은 하나도 남기지 않는 것처럼, 보살은 차별이나 주저함 없이 한결같이 베푼다.

보살이 그가 소유한 것은 생명이 있는 것이든 없는 것이든 모두를 내주리라 굳게 마음먹을 때 극복하지 않으면 안 될 네 가지 장애가 있으니, 곧 주는 데 익숙지 못했던 과거의 습관, 보시물의 조잡함, 보시물의 훌륭함과 아름다움 그리고 그 물건이 없어지는 것에 대한 걱정, 이 네 가지이다.

(1) 보살이 베풀 만한 물건을 갖고 있고 구하는 사람이 있는데도 마음에 베풀고자 하는 생각이 솟아나지 않고 주고 싶지 않을 때는 이렇게 결단해야 한다.

"지금 내 마음 속에 주고자 하는 생각이 일지 않는 것은 필시 과거에 주는 일에 익숙하지 못했기 때문이리라. 훗날에는 즐거운 마음으로 쉽게 보시할 수 있도록 지금 주어야 한다. 그렇게 되도록 지금 내 손에 있는 것을 필요한 이들에게 주자."

이처럼 너그럽고 후하게 기쁜 마음으로 내주며, 베풀고 나누어 주는 일을 마냥 즐거워하면서 원하는 사람이 있을 때 아낌없이 베푼다. 보살은 이렇게 보시를 가로막는 첫 번째 장애물을 산산이 부수어 없애 버린다.

(2) 베풀려는 물건이 볼품없거나 결함이 있을 때 보살은 이렇게 생각한다.

"과거에 베푸는 일에 마음 쓰지 않았던 탓으로 지금 이 보시물이 변변치 못하다. 마음이 아프고 이 물건이 비록 보잘 것 없더라도 있는 그대로 베풀어 보자. 이렇게 함으로써 훗날에는 최고의 보시 바라밀을 성취할 수 있으리라."

이처럼 너그럽고 후하게, 기쁜 마음으로 줄 수 있는 것은 무엇이나 내주며, 베풀고 나누어 주는 일을 마냥 즐거워하면서 원하는 사람이 있을 때 아낌없이 나누어 준다. 보살은 이렇게 보시를 가로막는 두 번째 장애물을 산산이 부수어 없애 버린다.

(3) 베풀려는 물건이 너무 훌륭하거나 아름다운 것이어서 주저하는 마음이 일어날 때 보살은 이렇게 자신을 타이른다.

"선남자여, 그대 가장 고귀하고 높은 경지, 최상의 깨달음을 성취하기로 발원하지 않았던가? 깨달음을 위하여 가장 훌륭하고 아름다운 것을 시물로 내어 놓음이 마땅하리라."

이처럼 너그럽고 후하게 기쁜 마음으로 훌륭하고 아름다운 것을 내주며 베풀고 나누어 주는 일을 마냥 즐거워하면서, 원하는 사람이 있을 때 아낌없이 나누어 준다. 보살은 이렇게 보시를 가로막는 세 번째 장애물을 산산이 부수어 없애 버린다.

(4) 보살이 무언가를 베풀면서 그것이 없어져 아깝다는 생각이 들 때 그는 이렇게 반성한다.

"물질적인 소유물의 성질은 본래 이런 것이다. 결국 없어지거나 사라지게 되어 있다. 더구나 과거에 내가 이런 보시를 베풀지 않았던 탓으로 지금 내 재산이 줄어든 것이다. 그렇다면 많건 적건 간에 가진 것은 무엇이든 베풀자. 이렇게 함으로써 훗날에는 최고의 보시 바라밀을 성취할 수 있으리라."

이처럼 너그럽고 후하게 기쁜 마음으로 가진 것은 무엇이든 내주며, 베풀고 나누어 주는 일을 마냥 즐거워하면서, 원하는 사람이 있을 때 아낌없이 나누어 준다. 보살은 이렇게 보시를 가로막는 네 번째 장애물을 산산이 부수어 없애 버린다.

자신이 처한 상황에 맞추어 이와 같이 반성한다면 보

시 바라밀을 가로막는 장애물들을 제거할 수 있다. 보시를 완성하는 데 쓰인 똑같은 방법이 지계持戒 바라밀이나 그 밖의 다른 바라밀들을 완성시키는 데도 적용된다.

◦ 〈고요한소리〉 회원으로 가입하시려면 이름, 전화번호, 우편물 받을 주소, e-mail 주소를 〈고요한소리〉 서울 사무실에 알려주십시오.
(전화: 02-739-6328, 02-725-3408)

◦ 회원에게는 〈고요한소리〉에서 출간하는 도서를 보내드리고, 법회나 모임·행사 등 활동 소식을 전해드립니다.

◦ 회비, 후원금, 책값 등을 보내실 계좌는 아래와 같습니다.

국민은행	006-01-0689-346
우리은행	004-007718-01-001
농협	032-01-175056
우체국	010579-01-002831
예금주	**(사)고요한소리**

===== 마음을 맑게 하는 〈고요한소리〉 도서

금구의 말씀 시리즈

하나	염신경念身經
둘	초전법륜경初轉法輪經
	초전법륜경初轉法輪經 (확대본)
	초전법륜경初轉法輪經 (독송본)

소리 시리즈

하나	지식과 지혜
둘	소리 빗질, 마음 빗질
셋	불교의 시작과 끝, 사성제 – 四聖諦의 짜임새
넷	지금·여기 챙기기
다섯	연기법으로 짓는 복 농사
여섯	참선과 중도
일곱	참선과 팔정도
여덟	중도, 이 시대의 길
아홉	오계와 팔정도
열	과학과 불법의 융합
열하나	부처님 생애 이야기
열둘	진·선·미와 탐·진·치
열셋	우리 시대의 삼보三寶
열넷	시간관과 현대의 고苦 – 시간관이 다르면 고苦의 질도 다르다
열다섯	담마와 아비담마 – 종교 얘기를 곁들여서
열여섯	인도 여행으로 본 계·정·혜

법륜 시리즈

열둘	염수경 – 상응부 느낌편
열셋	우리는 어떤 과정을 통하여 다시 태어나는가 – 재생에 대한 아비담마적 해석
열넷	사아리뿟따 이야기
열다섯	불교의 초석, 사성제
열여섯	칠각지
열일곱	불교 – 과학시대의 종교
열여덟	팔정도
열아홉	마아라의 편지
스물	생태위기 – 그 해법에 대한 불교적 모색
스물하나	미래를 직시하며
스물둘	연기緣起
스물셋	불교와 기독교 – 긍정적 접근
스물넷	마음챙김의 힘
스물다섯	업-재생-윤회의 가르침

보리수잎 시리즈

하나	영원한 올챙이
둘	마음 길들이기
셋	세상에 무거운 짐, 삼독심
넷	새 시대인가, 말세인가 / 인과와 도덕적 책임
다섯	거룩한 마음가짐 – 사무량심
여섯	불교의 명상
일곱	미래의 종교, 불교
여덟	불교 이해의 정正과 사邪
아홉	관법 수행의 첫 걸음

붓다의 고귀한 길 따라 시리즈

단행본

This translation was possible
by the courtesy of the Buddhist Publication Society
54, Sangharaja Mawatha P.O. BOX61
Kandy, SriLanka

법륜·열

보시

1판 1쇄 발행   1993년 8월 15일
2판 6쇄 발행   2024년 6월 10일

엮은이   비구 보디
옮긴이   혜인 스님
펴낸이   하주락·변영섭
펴낸곳   (사)고요한소리

등록번호   제1-879호 1989. 2. 18.
주소   서울시 종로구 인사동길 47-5 (우 03145)
연락처   전화 02-739-6328 팩스 02-723-9804
         부산지부 051-513-6650   대구지부 053-755-6035
         대전지부 042-488-1689 광주지부 02-725-3408
홈페이지   www.calmvoice.org
이메일   calmvs@hanmail.net
ISBN   978-89-85186-39-1

        값 1,000원